日本人「慰安婦」

愛国心と人身売買と

「戦争と女性への暴力」リサーチ・アクション・センター【編】

西野瑠美子

小野沢あかね【責任編集】

現代書館

日本人「慰安婦」　目次

はじめに

なぜ、日本人「慰安婦」は人々の関心の外に置かれ続けてきたのか？　それは、日本人「慰安婦」プロジェクトチームの発足を促した最初の疑問でした。「慰安婦」問題が浮上して二十数年が経ちますが、いつの間にか刷り込まれた、日本人「慰安婦」は公娼制度下の女性（娼妓・芸妓・酌婦等）＝商売の女、というイメージが、「商売なのだから被害者ということはできない」という考え方と折り重なってきたのではないでしょうか？「慰安婦」問題が浮上した頃に注目された、第十一軍第十四兵站病院麻生徹男軍医による「花柳病の積極的予防法」（一九三九年六月二十六日）には、日本人女性は朝鮮人女性に比べ、「花柳病の烙印を押されしアバズレ女」「内地を食い詰めた女」が多かったという分析がされています。「慰安婦」問題に関心を持つ多くの人が目にしたこの資料の影響は少なくなかっただろうと思いますが、以来、十分な調査・研究もないまま、日本人「慰安婦」は『売春婦』あがりだから被害者ではない」という漠然とした認識に私たちはとらわれてきたのではないでしょうか？

ここに、「売春婦」は「未婚の処女の被害」とは違う、未婚で性体験のない少女が受けた苦痛は「売春婦」とは比べ物にならないほど大きい、という考え方が見え隠れします。「処女」か「非処女（売春婦）」かで被害の大きさを測る貞操イデオロギーの価値観です。被害女性に「こんな体では結婚する資格がない」という嘆き、処女喪失に対する怒り、「恨」を抱え込ませ、自己否定を強いてきた沈黙の理由と、貞操イデオロギーによる社会的烙印は、表裏一体なのです。

「慰安婦」問題の解決を巡っては、二〇〇〇年以来、何度も「戦時性的強制被害者問題の解決の促進に関する法律案」が提出されてきました。しかし、この法律において「戦時性的強制被害者」とは、戦時における性的強制により被害を受けた女性であって、旧戸籍法（大正三年法律第二六号）の規定による本籍を有していた者以外の者（第二条二）と定義されています。つまり、補償対象は日本人戸籍をもっていた者以外とされ、日本人は対象外とされました。この背景には、植民地支配・戦争犯罪の枠組みで、アジアの被害に目を向けるという歴史認識の画期的転換があった一方で、日本人女性は戦後補償問題においても事実調査されることなく、蚊帳の外に置かれてきたという問題があります。

しかし、その前身が「売春婦」であったからといって被害の大きさを区別していいはずがありません。二〇〇〇年の女性国際戦犯法廷では、「売春婦」だった日本人「慰安婦」も被害者として認定しています。しかも、そもそも戦前の日本社会で売春をしていた女性たち（娼妓・芸妓・酌婦等）は、人身売買されて、ほとんど廃業の自由なく売春を強要されていた女性たちでした。そしてこのような人身売買の慣習は、当時においても本来は、一八七二年の芸娼妓解放令、国際条約や国内法（一九二一年の「婦人及児童の売買禁止に関する国際条約」や刑法二二六条。詳しくは、第一章の「日本人『慰安婦』の徴集と近代公娼制度」を参照してください）との関係で、禁止されるべき慣習だったのです。しかし当時の日本政府はこうした慣習を禁止しようとせずに放置し、戦時には軍による「慰安婦」徴集に人身売買が利用されたのです。

現安倍政権を含め、歴代内閣は一九九三年に発表した「河野談話」を継承してきました。にもかかわらず、未だに「強制連行を直接示す記述は見当たらなかった」という文言がある二〇〇七年答弁書を盾に、強制性を否定する言説は後を絶ちません。それどころか、「慰安婦は売春の問題」（西川京子議員、衆議院予算委員会・二〇一三年四月十日）、「ああいう貧しい時代には日本人だろうと韓国人だろうと、売春は非常に利益のある商売だったから、貧しい人たちはある意味で仕方なしに、しかし、決して嫌々でなしにあの商売を選んだ」（石原慎太郎東京都知事〔当時〕、二〇一二年八月二日）、「日本軍に組み込まれた慰安婦は〝性奴隷〟ではない。世界中で認可されていたありふれた公娼制度の下で働いていた女たちであった」（『ワシントンポスト』紙掲載意見広告二〇〇七年六月十四日／『スターレッジャー』紙掲載意見広告二〇一二年十一月六日）等、政治家による「慰安婦商行為」論は繰り返されています。「慰安婦」被害者をすべて「売春婦」だったことにし、しかも「売春婦」ならば被害者ではないという論法で、「慰安婦」被害をなかったことにしようとしているのです。

これらは公娼制度下の女性であれば商売なので強制ではない、というもので、「商売ならば問題ない」という「慰安所肯定論」とも合流するものです。二〇一三年五月、橋下徹大阪市長は「慰安所は必要だった」という発言とともに、風俗業の活用を米軍に勧めたことが分かり問題になりましたが、この発言は国家責任否定論というよりも、積極的「慰安婦」制度必要論と言うこともできます。強かん防止や兵士の士気高揚・精神コントロールのために「慰安所」は必要だったとする考え方は、貞操道徳による女性の分断を容認するものです。このような女性の二分化は公娼制度に「大義名分」を与えた貞操イデオロギーと同じ正当化構造をもつものであり、強制否定の主張には、「性の防波堤」肯定論と女性の二分化、女性差別・階級差別が分かち難く張り付いているのです。

現在も「慰安婦」被害者に対するヘイトスピーチが公然と行われる日本社会の状況と、日本人「慰安婦」だった女性が公的に名乗り出られない状況は、決して無関係ではないでしょう。「売春婦蔑視」を内在する差別構造を足場にした「慰安婦＝公娼」発言が、騙されたり権力的に「慰安婦」にさせられた日本人女性はもとより、前借金で慰安所に行った公娼制度下の女性たちに、身内や親族、地域社会にその過去を知られまいとする警戒感を煽り、沈黙を強いてきたのではないかと思います。

私たちは、「慰安婦」にされる以前に売春をしていた女性を、そうでなかった女性たちから差別するような「慰安婦」被害認識を乗り越えて、改めて「慰安婦」問題における「被害」とは何かを再定義したいと考え、調査・研究を進めてきました。本著に集約された論考は、日本人「慰安婦」プロジェクトチームの足掛け三年にわたる調査・研究をもとにしたものです。主な調査対象は、国会図書館所蔵の書籍、自費出版図書館所蔵の書籍、靖国神社偕行文庫所蔵の書籍・資料、大宅壮一文庫所蔵の雑誌、これまで刊行されてきた「慰安婦」関係公文書史料等で、これらから日本人「慰安婦」の記述があるものを丹念に拾い出し、これまでに得られていた種々の記録・情報と合わせてまとめてきました。

第一章では、日本人「慰安婦」はどう集められたかを掘り下げるため、公娼制度との関わりを見ながら、小野沢あかねが「日本人『慰安婦』の徴集と近代公娼制度」を、宋連玉氏が「植民地朝鮮の公娼制度と『慰安婦』制度」を論じ、より分かりやすく理解するため、当時、「慰安婦」徴集で有罪判決が出た事例を刑法学者の前田朗氏に紹介していただきました。また、日本国内で業者が「慰安婦」を徴集したことについてはいくつか警察資料や内務省資料が発見されており、それらの資料を丁寧に解読した永井和氏の論文を転載させていただきました。掲載を快諾してくださいました永井氏には、この場を借りて改めてお礼申し上げます。

第二章では、日本人「慰安婦」とはどのような人々で、どう扱われたかを掘り下げるため、日本人「慰安婦」プロジェクトチームが調査してきた日本人「慰安婦」のライフ・ヒストリーから代表的なものを同プロジェクトチームのメンバーである吉池俊子・山田恵子・山口明子の各氏がいくつか紹介しつつ、慰安所における日本人「慰安婦」の処遇や特徴を西野瑠美子がまとめました。また、調査期間中に、田場祥子氏が中心となり取り組んだ沖縄で自宅を慰安所に使われた方の聞き取り報告は貴重な記録です。林博史氏には、それに絡めて沖縄の慰安所政策を寄稿していただきました。とりわけ、大越愛子氏の多大なご協力を得て、「慰安婦」集めに携わった業者の聞き取りを行った石橋菜穂子氏の報告を掲載させていただくことができました。この場を借りて両氏に感謝申し上げます。

第三章は、日本人「慰安婦」の戦後にスポットを当てました。日本人「慰安婦」の聞き取りを一九七〇年代に行い、雑誌や書籍で発表されてきた広田和子氏が、小野沢・西野論文などに出てくる日本人「慰安婦」山内馨子さんからの聞き取りをもとに、彼女の戦後の苦難に満ちた人生を書きおろしてくださいました。生身の日本人「慰安婦」の戦後のジレンマと叫びが伝わってくる貴重な原稿です。また、平井和子氏の論文では、日本軍慰安所と戦後の占領軍向け「慰安施設」や「赤線」との連続性がくっきりと描き出されています。西川幸氏、天羽道子氏による、日本人「慰安婦」の戦後の苦悩や、隠された戦後が見えてくるコラム、戦後の被害者の民族別比較を行った金富子氏のコラムも必見です。

日本人「慰安婦」の調査・研究は始まったばかりです。調査にあたって最も深刻な問題は、日本人

「慰安婦」であった当事者の証言があまりに少ないことです。生存されていてもかなりご高齢になっているかと思いますが、もし、お心当たりがありましたら、ご紹介いただければと思います。今後、国内の女性史研究団体との交流も進めていきたいと考えています。始まったばかりの研究ですが、多くの皆様の力で一層の真相究明ができますことを、心から願っております。

本書はまさに調査・研究の中間報告ですが、その一歩を皆様とともに共有できれば幸いです。

二〇一五年二月

西野瑠美子
小野沢あかね

第一章　日本人「慰安婦」はどう集められたか？

日本人「慰安婦」の徴集と近代公娼制度

小野沢あかね

はじめに

「慰安婦」は「売春婦」であり被害者ではない、「慰安婦」を徴集・使役したのは民間業者であって軍ではないとして、「慰安婦」被害と軍の責任を否定する攻撃がある。こうした攻撃はしばしば日本人「慰安婦」の事例をあげ、彼女たちがもともと売春をしていて、「自発的に」「慰安婦」となり、かつ待遇もよく「楽しかった」と発言していると強調する。ここでは、こうした攻撃に反論し、日本人「慰安婦」の徴集を検証することを通じて、主に次の三点を強調したい。

第一に、軍をはじめ内務省など国家機関が日本人「慰安婦」徴集を命じたのは各種の資料から明らかであり、軍と国家の責任は免れないということである。

第二に、軍や内務省の命令を受けて、人身売買や詐欺などの方法で女性を徴集したのは公娼業者や周旋業者、黙認私娼業者、その他の民間人などであった。つまり、もともと戦前日本社会では日常的に女性の売買を行う者たちが存在していて、そうした行為を公娼制度の下で事実上認めていたからこそ、戦時になると軍はそれらの者たちに命令して日本人「慰安婦」徴集を行うことができたのだった。しかし、ここで強調しておきたいのは、売春目的で女性を人身売買することは、当時においても本当は禁止・処罰されるべき行為だったことである。一八七二年に出された「芸娼妓解放令」(太政官布告第二九五号)で人身売買は禁止され、前借金(身代金)を理由に人身を拘置したり、芸妓・娼妓の廃業を妨げてはならないことになっていた。また、少なくとも、「醜業を行はしむる為の婦売買禁止に関する国際条約」(一九一〇年)「婦人及児童の売買禁止に関する国際条約」(一九二一年)「成年婦女売買禁止条約」(一九三三年)、「奴隷条約」(一九二六年)などに違反していたと思われるし、帝国外へ移送する目的で女性を売買する行為は刑法二二六条に反していた。[3] しかし戦前日本政府は、人身売買を処罰するどころか温存させてきたという経緯があった。

第三に、「慰安婦」にさせられた日本人は芸妓・娼妓・酌婦の女性たちが多く、前述のように彼女たちは人身売買され、自由を奪われた人たちだったので[4]「自由意思」で「慰安婦」になったとは言えないし、「慰安婦」時代を楽しかったと言っていた女性がいるとしても、それは「慰安婦」だった時の前と後の暮らしがいかに苛酷だったかを示しているにすぎない。また、詐欺によって徴集された日本人女性もいたことを強調したい。

つまり日本政府は、国内諸法規や国際条約に違反する人身売買の慣習を禁止せずに温存させ、戦時になるとその担い手に命じて女性たちを「慰安婦」に徴集するという重大な犯罪行為を犯したことになる。以下に史料に基づいて具体的に見ていこう。

一、軍部・内務省による日本人「慰安婦」徴集命令

1、上海派遣軍の命令

「警察庁関係公表資料」である資料群には、日中戦争勃発直後から、軍部・内務省などが、酌婦などの日本人女性をターゲットにして「慰安婦」大規模徴集を命令したことがはっきりと記されている。(5)

この資料は、一九三八年初頭、群馬、山形、高知、和歌山、茨城、宮城の各県内で、不審な男たちが上海の陸軍特務機関からの依頼と称し、上海派遣軍内陸軍慰安所で酌婦稼業を行う酌婦を募集していることを各県知事が問題視し、内務省などへ問い合わせている文書である。たとえば、神戸市の貸座敷業者大内と名のる男が、在上海の陸軍特務機関の依頼により上海派遣軍内陸軍慰安所で酌婦稼業を行なう酌婦三〇〇〇人が必要であると称しており、その募集のため、前橋市の芸娼妓酌婦等紹介業の男を訪ね、契約書、承諾書、借用証書、契約条件などを示して酌婦募集を依頼したという。山形、茨城でも大内が同じような募集を行なっている旨が伝えられた。茨城県では実際に酌婦の女性二人が上海での稼業を承諾してそれぞれ前借金六四二円と六九一円を受け取って神戸へ向かって出発したことが伝えられている。その他の県では、大内ではないが、貸席業者や周旋業者らが同じように軍からの依頼と称して酌婦を集めている様子が伝えられている。

特に注目すべきは和歌山のケースである。同県では料理店の酌婦に上海行きを勧めていた男三名（大阪市貸席業佐賀、同市貸席業金澤、海南市紹介業平岡）を取り調べた。その結果、彼らは上海の皇軍慰安所

の求める酌婦三〇〇〇名に対し七〇名を昭和十三年一月三日に陸軍御用船にて長崎港より憲兵護衛の上送ったと称し、さらに次の陳述をした。一九三七年秋に大阪市の会社重役小西、神戸市貸席業者中野、大阪市貸席業者藤村が上京し、徳久中佐の仲介により頭山満、荒木貞夫大将と会談して内地から三〇〇〇名の娼婦を送ることとなった。そこで藤村・小西が七〇名を送り出し、大阪府九条警察、長崎県外事課の便宜を受けたこと、佐賀と金澤は藤村の手先として和歌山で募集を始め、事情に明るい平岡に案内させたことなどである。そして和歌山県内でもすでに二十歳代の二名の女性に前借金四七〇〇円と三六二円を支払っていることも判明した。

和歌山県警はこの陳述の真偽を確認すべく、長崎県警察外事課と大阪府の九条警察署に問い合わせた。その結果、長崎県警察外事課からは、一九三七年十二月二十一日に、上海日本総領事館警察署長から長崎県水上警察署長へ次のような依頼状が送られたということが伝えられた。陸軍武官室憲兵隊合議の結果、軍慰安所を設置することとなったので、「慰安婦」募集のため内地と朝鮮に渡航する者に対して当館発給の身分証明書を携帯させるので便宜を図ってほしいとの内容だ。(6)

また大阪九条警察署からは、内務省より警察部長へ依頼もあったので、一九三八年一月、募集者に便宜を与え渡航させたという回答が前述の金澤の身元証明とともに送られてきた。(7) 要するに上海陸軍慰安所が、貸席業者などに命令して内地で女性を集めさせていて、内務省、警察がその便宜を図ったということが、公文書にははっきりと記されているのである。

2、内務省の命令

さらに、一九三八年十一月になると、内務省自ら日本人「慰安婦」徴集に関して積極的になっていったことがわかる。十一月四日付の資料では、南支派遣軍古荘部隊参謀・陸軍航空兵少佐久門有文と陸軍省徴募課長から、南支那派遣軍の慰安所設置のため「慰安婦」約四〇〇名徴集の配慮をしてくれとの申し出があり、内務省は各地方庁に通牒を出し適当なる引率者（抱主）を選定して婦女を募集し現地へ向かわせるよう取り計らっていることがわかる。内務省は、大阪（一〇〇名）、京都（五〇名）、兵庫（一〇〇名）、福岡（一〇〇名）、山口（五〇名）と割り当て、県においてその引率者（抱主）を選定して募集させ、現地へ赴かせることを命じているのである。そして、すでに台湾総督府を通じて台湾より約三〇〇名の渡航の手配済みであるとも伝えられた(8)。

3、その他の派遣軍が直接郷里から「慰安婦」を徴集

一方、派遣軍が直接その郷里から「慰安婦」を徴集するケースもあった。漢口駐屯中の香川県出身の天谷部隊（善通寺第四〇師団・師団長天谷直次郎中将）は軍慰安所開設のため、「慰安婦」五〇名を郷里で募集する引率渡支許可を香川県庁へ願い出ている(9)。

4、アジア太平洋戦争期の「慰安婦」渡航に関する海軍の管理

さらに、一九四一年以降には、アジア太平洋地域の新たな占領地・戦地へ「慰安婦」を移送する取り決めを海軍自らが行っていたことが、元海軍軍人自らの証言で明らかとなっている。一九四二年五

月三十日付の、海軍省軍務局長・海軍省兵備局長から南西方面艦隊参謀長宛て「第二次特要員進出に関する件照会」という資料で、横浜港からアンボン、マカッサル、バリックパパン、ペナン、スラバヤ等へ、「特要員」という名の「慰安婦」を渡航させる取り決めを行っていたことがわかる。[10]また、「特要員」としての契約期間の標準は一年くらいで、女性たちは大体四〇〇～五〇〇〇円の前借金を負っていたという。

二、軍の命令の下で「慰安婦」徴集の手先となったのは誰か

1、公娼業者・黙認私娼業者・料亭

次に、陸海軍、内務省などに選定され、その手先となって「慰安婦」を徴集した公娼業者たちの動きを見てみよう。

（1）神戸・大阪の貸座敷業者などが示した契約条件　前述のように、「警察庁関係公表資料」には、神戸や大阪の公娼業者が「慰安婦」を各地で集めている様子がはっきりと記されている。注目すべき点は、彼らが前借金額・年期など、「慰安婦」になる上での具体的な契約条件を示して女性たちを勧誘していたことである。その内容は以下のようなものだった。

契約年限は満二カ年で、前借金は五〇〇～一〇〇〇円（ただしこのうち二割を控除して見付金及び乗込費にあてる）、年齢は満十六～三十歳、身体壮健にして、親権者の承諾を得ること、前借金返済方法は

年限完了と同時に「消滅」する、即ち年期中に病気休業しても年期満了と同時に前借金は完済したことになること、借金に利息は年期中つかないが、途中廃業の場合は残金に対して月一歩の利息がつくこと、年期途中に廃業の場合は、借金の元金残額と違約金、抱入れ当時の諸費用一切を即時返済すること、違約金は一カ年内ならば前借金の一割であること、年期終了帰国の際は帰途旅費は抱え主負担、稼ぎ高の一割を本人所得として毎月支給すること、年期満了の場合は本人稼ぎ高に応じて慰労金を支給すること、寝具入浴費医療費は抱え主負担、などである。

この契約条件のなかで目を引くことは、二年という比較的短い年限が完了すれば、その間に病気休業期間があったとしても前借金は完済したことにする、つまり解放してくれるという点である。年期が完了しても未だ前借金が残っている場合、それを完済しなければ廃業できないケースの多かった当時の状況からすれば、これは彼女たちから見て「好条件」に映った可能性がある。一方、期間中の本人所得は稼ぎ高の一割にすぎない点や、途中廃業の場合、借金残額と違約金等を即時返済しなければならない点などからは、年期中の廃業を厳しく妨げていることがわかる。つまり、ここで示された契約条件は、年期期間中の廃業は厳しく妨げているが、短期間の年限で解放されるという特徴を持っているように見える。

このような条件は、廃業の見込みなく売春を強いられていた女性たちから見たら、希望に満ちたものだったろう。しかも「慰安婦」集めをしていた男たちの証言によれば、兵士の慰安所利用料金は軍の慰安費のようなものから出ていること、紹介手数料の一割は軍部負担であったこともわかる。[11] 女性にも軍の経費であることが伝えられていたとすれば、それは安心感を与えることにもつながったろう。

（2）大阪松島遊廓、神戸福原遊廓などが漢口慰安所（積慶里）へ　公娼業者が上海派遣軍の依頼に応じて占領地に出店していることが明らかな事例もある。上海派遣軍は西日本各地の遊廓に協力を要請し、大阪松島遊廓、神戸福原遊廓、広島の遊廓などがこの要請に応じて、一九三八年十月頃、漢口の積慶里に慰安所を出店し、さらに女衒《ぜげん》を通じて女性を募集した。女衒は娘を売りそうな家があると聞いて村におもむき、戸のかわりにムシロをぶら下げているような貧乏な家から娘を買いつける。「慰安婦」たちには多額の前借金があり、借金返済まで廃業できず、様々な搾取のもとにあった状態を軍が認めていたことが明らかである(12)。

（3）黙認私娼街の組合長が陸軍省からの依頼を受けて女性を徴集　公娼業者だけでなく、黙認私娼業者も軍部の依頼で女性を集めて慰安所を出店した。たとえば、玉の井銘酒屋組合長は、一九三七年十一月、陸軍省に呼び出され、「慰安婦」を五〇人集めるよう命令された。知り合いの周旋屋に頼んで女性を集めて上海へ連れて行ったとされる(13)。

（4）南京の慰安所経営者の親族が前借金で女性を集めてビルマで慰安所を開業　一九四一年以降、日本軍の占領地域がアジア・太平洋に拡大すると、中国で慰安所を経営していた業者が、女性を集めて南方で軍慰安所を開設する場合もあった。南京の太平路で日本人慰安婦三〇名がいる陸海軍共用の軍隊慰安所を経営していた人物の息子が、軍の命令を受けて南京で日本人女性二七人を前借金を渡して集め、上海を経由して軍が用意した船でシンガポールそしてラングーンへ渡った事例がある(14)。

（5）料亭が高級将校用の「慰安所」として戦地へ移動　日本の料亭が、高級将校用の慰安所として戦地へ移動するケースも多く見られた。たとえば、久留米の料理屋「翠香園」は、ビルマへ転戦した第十五軍の高級将校専用料亭としてラングーンへ移動している。ラングーンへ赴いた一行は総勢一五〇名にものぼり、三味線屋、仕立屋、青畳、屏風までともなっていたという。(15)なお、「翠香園」についてはこの他にも手記が多数あり、それらの手記では将校たちの乱脈ぶりに一般兵による強い批判が表明されている。

また、博多柳町の料亭「一柳」もビルマに移動し、高級将校専用の慰安所になっている。(16)さらに、台南にあった「あづま」という料亭は、海軍の航空部隊の将校がよく遊びにきており、その関係で太平洋戦争が始まってマニラが陥落するとすぐに台北の海軍武官府に現地での営業希望を願い出たという。一九四二年の暮れに許可が下りると、すでに店で働いていた者をはじめ十三名の芸者を集め、それに板前、髪結い、大工、左官まで総勢三〇名でその年のうちに高雄を出発した。船は海軍の特務艇で、芸者が着る衣裳から、紋付、食器、畳、壁土も運んだという。この記録を残した元海軍中佐によれば、「慰安婦」徴集は「内地における軍駐屯地や軍港の料亭」「御用商人、顔役等」が必要人員を集めるのが常で、内地の料理屋をそっくり移動したものもあるという。(17)

2、その他の民間人による「慰安婦」徴集・慰安所開設

しかし、「慰安婦」の徴集を行ったのは、公娼業者や類似業者だけではなかった。軍の出入り商人、軍人の知り合い、喫茶店経営者、除隊者ら、多様な民間人が、軍の命令・許可の下、女性を内地で集めて渡航し、慰安所経営を行っている。彼らに対して軍が資金を提供する場合のあったこともわかる。事例を見てみよう。

（1）御用商人たちが派遣軍の命令で郷土から「慰安婦」徴集　軍の御用商人が「慰安婦」徴集を行った事例は数多い。たとえば田川栄造（仮名）は一九三八年、中支派遣軍の軍直轄「慰安婦」を集めた。北九州の兵隊が多かったので、同郷の女がいいだろうということで、遠賀川の川筋の「ダルマ屋」のようなところで女性を集め、彼女たちに前借金一〇〇〇円を前渡しした。[18]また、島田俊夫（仮名）は自分の生まれ故郷の北九州で女性たち二十数名を集めて一九三八年四月に上海へ渡航した。[19]さらに、一九三七年十二月、軍の御用商人石橋徳太郎は上海の第十一兵站司令部に集められて、上海発長崎行きの輸送船に便乗して内地で慰安婦を集めるよう命じられ、実行した。前借金用の金を軍から渡されており、その金は臨時軍事費から支出されていた。[20]

（2）もぐりの売春業者が軍の許可を得て渡航・慰安所開設　神戸で喫茶バーというたてまえで「淫売屋」をしていた須川昭という人物は、特務機関の知り合いから慰安所形式のものが必ずできるから軍の許可を先に取ったらいいと教えられ、一九三八年暮れに上海へ行って軍の許可を取り、一九三九～四二年の暮れまで南京、浦口、漢口で慰安所を営業した。[21]女性たちには「お女郎サンの前借にくらべりゃ少ないカネ」を貸して連れて行ったという。

（3）除隊者が「慰安婦」徴集・慰安所経営　除隊者（元兵隊）が慰安所経営、「慰安婦」徴集を行った事例もある。海南島の慰安所「朝日亭」の経営者小泉は、東北で編成された小さな部隊の現地除隊者だったが、在隊中よりなじみだった朝鮮人の経営する陸軍慰安所「福山」に帳場係として就職し、支配人的存在になった。その後、台湾軍の兵站部に取り入り、酌婦呼び寄せ証明書を得、朝鮮、台湾など

で一〇名程度の酌婦を集めて戻り、開業したという。(22)

(4)新聞記者と偽った人物による「慰安婦」徴集・慰安所開業　軍人の知り合いが肩書きを偽って軍に近づき、慰安所を開業した事例もある。一九三九年、漢口の慰安所に、後方参謀佐治中佐の紹介状持参でやってきた新聞記者の肩書きの仁部茂太という男が、将校料亭開業の便宜を図って欲しいといってきたという。本当は新聞記者ではないが、渡航許可を得るために資格を偽ってきたのであり、許可を得た彼はいったん帰国して二〇名ほどの女性を連れてきて開業したが、女性たちの書類上の身分は「事務員」だった。佐治中佐が蘭印へ赴任すると仁部自身もバタビヤへと去って行った。(23)

3、詐欺による徴集

(1)もぐりの売春業者が女性を騙して渡航　日本人女性の中にも、詐欺や誘拐で「慰安婦」にさせられてしまった女性たちがいたことを強調したい。

たとえば、喫茶バーという表看板で「淫売屋」をしていた前述の須川は、「淫売専門のコ」「慰安所が何たるかを知らないコ」を、「コトバは悪いが、知らないコは、だまして連れて行く」「そういう仕組みもあったなぁ〔笑〕」と述べている。(24)慰安所は内地では実情が分からないので、世間体も良く、騙して連れて行きやすかったということである。

(2)「南方特要員」「特殊看護婦」という名の「慰安婦」　兵隊の手記には、騙されて「慰安婦」にさせられそうになった(させられた)日本人女性の事例が頻繁に出てくる。例えばダバオの慰安所に、同じ町内から来たという関西弁の三人の女性がいた(二十五歳、十九歳、二十二歳)。彼女たちは「南方特要員」

に応募して来たのだが、着いてみたら、「慰安婦」にさせられるということが分かったのである[25]。また、当時トラック島で「慰安婦」の監督にあたっていたという人物によれば「特殊看護婦」という名に誘われて応募したが、仕事が「慰安婦」だということに気付いたのはトラック島に来てからだったという女性の事例もある[26]。

このように、日本人「慰安婦」は公娼業者をはじめとする多様な民間人によって徴集されたが、人身売買だけでなく、朝鮮人「慰安婦」被害者等と同様、騙されて徴集されたケースも多々あったのである。

三、日本人「慰安婦」のライフ・ヒストリーから見る徴集

最後に、日本人「慰安婦」被害者のライフ・ヒストリーにとって、「慰安婦」に徴集された経験がどのようなものだったかを見てみたい。第二章の「書籍・雑誌にみる日本人『慰安婦』」と、第三章の「書籍・雑誌にみる日本人『慰安婦』の戦後」を参照しながら読んでもらいたい[27]。

1、前借金に縛られた廃業の見込みのない売春生活

現在分かっている日本人「慰安婦」の女性たちのライフ・ヒストリーからは、彼女たちが幼いころ親に売られ、前借金に縛られた廃業の見込みのない孤独な売春生活をしていた人たちであったこと、

そしてその前借金を返済して解放されることを夢見て、「慰安婦」になる道を「選択」したことがわかる。まず、親に売られた経緯を見てみよう。

たとえば、「菊丸」こと山内馨子は、満十歳の時、芸者に売られた。城田すず子は、父親の事業の失敗のために芸者屋に売られ、その後遊廓に転売された。鈴本文は七歳のときに父親に売られ、その後借金は二〇〇〇円に膨れ上がっていった。高島順子は、十七歳で一〇〇〇円で売られているし、田中タミは十一歳のとき芸者置屋に売られ、その後父によって遊廓へ転売されている。慶子こと笹栗フジは十七歳の時、二〇円で父親に私娼に売られ、高梨タカは十九歳で私娼に売られている。水野イクは、十一歳で旅籠に売られ、女中や飲み屋を経て結婚したが、夫が稼ぎを入れてくれないため、体を売るようになり、二十二歳で川崎遊廓の娼妓となった。前借金は二〇〇〇円だった。

幼いころに売られた経験と、廃業の見込みのない売春生活の辛さは、彼女たちにとって「慰安婦」経験以上の辛さである場合があった。たとえば笹栗フジは、「一番辛かったのは……英彦山の麓の家を出るとき、二番目は〝朝富士楼〟で初めての客をとらされたとき。あとはみんな同じです。ビルマのことも、それと較べたらどうということもないみたいに思います」と述べているし、鈴本文も、「シユミーズ一つにネッカチーフの鉢巻き姿で三十分ごとに違った男を受け入れる」暮らしだったにもかかわらず、「日本にいて芸者置屋を転々としているころよりも」「トラック島にいてる間は気がまぎれとった」と後に述べている。また、山内馨子は、「いままでいちばん楽しかったのは、トラック島にいたときよ」と述べている。

2、解放願望と「愛国心」から「慰安婦」へ

幼いころ親に売られ、廃業できる見込みのない彼女たちが、「慰安婦」になることを決意したのは、軍が多額の前借金を支払ってくれると同時に、戦地では儲かるし、短い年期を勤め上げれば解放されると聞かされたからであった。何人かの事例を見てみよう。

嶋田美子は、福岡歩兵第二四連隊に関係しているという男が、「お国のためになる仕事」で一〇〇〇円の前借をさせてあげると勧誘にきた際、前借金を返して廃業できるということに心を惹かれ、一九三〇年、別の男の勧誘に応じて「満州」へ渡航し、「慰安婦」となった。

山内馨子は、南方へ行けば置屋の借金を軍が肩代わりしてくれると聞き、渡航を決め、一九四二年三月、トラック島へ渡航した。当時四〇〇〇円ほどの借金を抱えていた。契約は一年半で、海軍省が経営していた慰安所で将校用の「慰安婦」となった。鈴本文も、芸者だった十八歳のときに、「南方の前線基地で働けば借金を返せる」と誘われて、一九四二年三月、トラック島へ渡った。一年間の契約で、軍が前借金二三〇〇円の肩代わりをしてくれた。

川崎遊廓の娼妓だった水野イクは、一九四三年三月に川崎遊廓が廃止されたので、横浜の遊廓の親方の勧めでパラオ行きを決意した。その親方から二〇〇〇円の借金をして、もといた遊廓に借金を返し、渡航した。玉ノ井で働いていた高島順子は弟の手術費用と自分の前借金返済のために、二〇〇〇円の前借をして「慰安婦」となり、上海へ渡航した。城田すず子も、借金を返済するためには外地へ行くほかないと考え、十七歳のとき、海軍の軍港があった澎湖島の馬公へ渡った。前借金は二五〇〇円だった。

このように、「慰安婦」になると多額の前借金を軍が肩代わりして支払ってくれ、おまけに儲かり、短い年期期間終了後にはまちがいなく解放されると聞かされたことが、彼女たちが「慰安婦」を選択する大きなきっかけであった。廃業の見込みのない売春生活にあった彼女たちにとって、前借金を返済して解放されるという希望は大きかっただろう。ただし、彼女たちが「慰安婦」となるにあたってその背中を押したものはもう一つあった。それは「お国の役にたてる」「靖国に祀ってもらえる」といった、ある種の「愛国心」、言いかえれば「国民」として平等に扱ってもらえることへの願望だった。

たとえば山内馨子は、「お国のためよ。誰かが行かなきゃならないものだし。行かせて」と父の反対を押し切って「慰安婦」になり、「死んだら靖国神社にいれてもらえることになってるんです」と語っていた。鈴本文も「戦死したら軍属として靖国に祀られる」と言い聞かされて〔トラック島に〕行った」と述べており、ほかにも、「『慰安婦』のどれに聞いても『私たちはお国のために働くのだ…』と言っていました」との証言がある。

しかし、そうした「愛国心」は、戦後、見事に裏切られた。山内馨子は戦後の取材に答えて、「横井さんが戦争の犠牲者だっていうなら、あたしだって戦争の犠牲者よ。陛下のためだなんていってるけど、何が陛下のためよ。あたしらもそういわれて行ったんじゃないか、チクショーと思ってね。あたしは結局そのことが出てくるからお嫁に行けないでこうしているんだって厚生省にいってやりたい」と話している。

おわりに

最後に、「はじめに」で強調した三点についてまとめておきたい。

第一に、これまで見てきたように、日本人「慰安婦」の徴集は明らかに軍と内務省など国家機関による命令の下で行われたので、軍・国家の責任は免れない。軍・国家は、芸妓・娼妓・酌婦などの売春女性を最初から「慰安婦」候補と考えて徴集したのだった。

第二に、軍や内務省に命令されて日本人「慰安婦」を直接徴集したのは、公娼業者や類似業者に加え、軍の出入り商人、除隊者、軍人の知り合いなど様々な民間人だった。彼らは、売春女性たちが前借金に縛られて廃業の見込みがない売春生活を強いられていることにつけ込んで、彼女たちが最も望んでいた前借金の肩代わりと短い年期、年期終了後の解放を条件にして徴集したのだった。しかも諸経費は軍から出ていたという証言もある。人身売買で女性を集めること自体が当時においてすでに禁止されるべき行為だったことに加え、軍がそれを命じていることは重大な犯罪だったと言わざるを得ない。

このことを踏まえたうえで、今後、「慰安婦」を徴集した業者の活動を一層明らかにしていく必要があることを強調したい。女性を前借金で拘束して売春を強要したり、騙して売春させる習慣が根強く存在しており、そのことを犯罪と見る認識に欠けていたからこそ、軍や国家は公娼・私娼関連業者を利用して「慰安婦」を徴集をしたともいえる。そして重要なことは、現在においても、女性の身売りを犯罪と認識できず、それゆえ「慰安婦」被害を認識できない人々が多数見られることである。

第三に、「慰安婦」になった女性たちは、もともと貧困で廃業の見込みのない売春生活のなかにあり、借金返済と解放を夢見て募集に応じた。一方で、詐欺で徴集された人たちもいたことを強調したい。彼女たちは身売りという本来は禁止されねばならなかった悪慣習の「被害者」であり、またそうした境遇の女性たちの苦しみと現状脱却願望につけ込んで「慰安婦」徴集を行った日本軍の「被害者」なのである。「お国の役にたてる」「靖国に祀ってもらえる」などの言説が、一層彼女たちの背中を押すことにもなった。しかし、そうした言説はまやかしで、彼女たちは戦後ふたたび貧困と差別と売春のなかに突き落とされた。そして、戦後社会のなかで、その犯罪性は長らく隠ぺいされてしまったのである。

(注)

（1）婦人及び児童の売買禁止に関する国際条約は、①売春させることを目的に未成年（二十一歳未満）の女性を勧誘、誘拐した者は本人の承諾を得ていても罰せられる、②売春させることを目的に成年女性を詐欺・暴行・脅迫・権力濫用その他の一切の強制手段をもって勧誘・誘引したものは罰せられる、といった内容である。成年婦女売買禁止条約は、年齢制限をとりはらい、成年の女性を売春に勧誘すること自体を禁じたものである。

（2）奴隷制度とは、ある人に対して、所有権に伴う機能の一部または全部が行使される場合の、その人の地位または状況を言うとされている。

（3）帝国外に移送する目的をもって人を略取・誘拐・売買したもの、又は被拐取者・被売者を帝国外へ移送したものは罰せられるとしているので、人身売買した芸妓・娼妓・酌婦を帝国外で働かせる行為は、刑法にも違反していたことになる（前田朗「『慰安婦』誘拐犯罪」「戦争と女性への暴力」リサーチ・アクションセンター編『「慰安婦」バッシングを越えて』大月書店、二〇一三年所収）。

（4）娼妓は客との性交によって報酬を得ることを公認された。そして、娼妓を抱えて営業することを許可された業者を貸座敷と言った。芸妓は酒宴で唄・踊り・三味線などを披露するのを本業としていたが、売春する場合が多くあった。多くの酌婦も売春で稼いでいた。そして彼女たちはいずれも契約の際、年期を定めると同時にあらかじめ遊廓や芸妓置屋から前借金と呼ばれる借金をする慣習だった。多くの場合その借金の受取人は女性の親であり、その借金を完全に返済するまで廃業することはとても困難であり、前借金というより、身代金と言っても過言でもなかった。また、女性たちはその収入の一部しか自分のものにならず、残りは楼主の取り分となり、女性たちは自分たちの少ない取り分から借金を返済しなければならなかったので、返済はとても困難で、借金が増加していくこともしばしばだった。なお、女性を詐欺や誘拐で売春宿へ送り込む「悪桂庵」も存在していた。一八七二年に芸娼妓解放令が出され、人身売買は本来禁止されたはずであり、一九〇〇年に制定された娼妓取締規則では、借金を返済できていなくても自由に廃業できると取り決められた。しかし、娼妓・芸妓契約と前借金契約は別々の契約とされ、前借金契約自体は違法とされなかったため、廃業後も借金返済の義務が残ったので、実際に廃業できる女性は少数だった。一九二〇年代になると国際連盟が婦女売買の禁止にとりくみ、前述の国際条約ができたことにより人身売買は一層の禁止の対象となったが、日本政府はそれを怠った。詳しくは、拙稿「『慰安婦』問題と公娼制度」（前掲『「慰安婦」バッシングを越えて』）を参照のこと。

（5）女性のためのアジア平和国民基金編『政府調査「従軍慰安婦」関係資料集成①』龍渓書舎、一九九七年、三〜一二頁。これらの資料の全体像については、本書中の永井和論文で詳細に検証されている。

（6）「上海派遣軍内陸軍慰安所に於ける酌婦募集に関する件」（群馬県知事、一九三八年一月十九日）、同（茨城県知事、一九三八年二月十四日）、「時局利用婦女誘拐被疑事件に関する件」（和歌山県知事、一九三八年二月七日）。以上は前掲「警察庁関係公表資料」『政府調査「従軍慰安婦」関係資料集成①』所収。

（7）同右。
（8）内務省警保局「支那渡航婦女に関する件」一九三八年十一月四日、前掲『政府調査「従軍慰安婦」関係資料集成①』。
（9）「漢口陸軍天谷部隊慰安所婦女渡支の件」一九三九年十二月二十三日、吉見義明編集・解説『従軍慰安婦資料集』大月書店、一九九二年。
（10）重村実「特要員と言う名の部隊」『文藝春秋』一九五五年十二月。
（11）前掲「警察庁公表資料」、『政府調査「従軍慰安婦」関係資料集成①』。
（12）長沢健一『漢口慰安所』図書出版社、一九八三年、山田清吉『武漢兵站――支那派遣軍慰安所係長の手記』図書出版社、一九七八年。
（13）大林清「従軍慰安婦第一号順子の場合」『現代』一九七四年四月。
（14）西野瑠美子『従軍慰安婦と十五年戦争――ビルマ慰安所経営者の証言』明石書店、二〇〇三年。
（15）秋元実「慰安婦と兵隊」『かたりべの群れ2　私の戦時体験』沼津戦後の戦友会、一九八八年。中村法一『ビルマ戦線の終幕』エピック企画出版部、一九八〇年など。
（16）千田夏光『従軍慰安婦・慶子――死線をさまよった女の証言』光文社、一九八一年。
（17）前掲「特要員と言う名の部隊」。
（18）千田夏光『従軍慰安婦』三一書房、一九七八年。
（19）同右。
（20）前掲『従軍慰安婦・慶子』。
（21）小沢昭一「四畳半むしゃぶり昭和史25　ゲスト須川昭　兵隊一円将校三円だった　心やさしき『戦場の天使たち』」『週刊ポスト』一九七五年七月四日。
（22）鈴木卓四郎『憲兵余録』図書出版社、一九八四年。
（23）前掲『漢口慰安所』。

(24) 前掲「四畳半むしゃぶり昭和史25　ゲスト須川昭　兵隊一円将校三円だった　心やさしき『戦場の天使たち』」

(25) 三宅善喜『密林に消えた兵士たち——私のダバオ戦記』健友館、一九八一年。

(26) 「性の奴隷として生きた戦場の女たち」『週刊大衆』一九七〇年八月。

(27) ここで述べる日本人「慰安婦」の女性たちのライフ・ヒストリーについての出典は、第二章の「書籍・雑誌にみる日本人『慰安婦』」と第三章の「書籍・雑誌にみる日本人『慰安婦』の戦後」の出典と同じものである。

長崎事件・静岡事件大審院判決を読む
――「慰安婦」強制連行は誘拐である

前田　朗

はじめに

韓国をはじめとするアジア各国の戦時性奴隷制被害者が次々と名乗りを上げたが、日本人「慰安婦」は一部の著書に記録をとどめるのみで、その実態はあまり知られずにきた。

被害者がカムアウトし、サバイバーとして日本政府の責任を追及する闘いの主体に自己形成できるためには、その社会の中にサバイバーを支える意識や運動のあることが重要である。日本社会においては、「慰安婦」問題に取り組む女性運動や戦後補償運動が展開されたにもかかわらず、他方で「慰安婦」に対する罵声や誹謗中傷が激しく、被害者が名乗り出ることを困難としたように思える。日本社会における性意識、性別役割分業意識、そして「当時は公娼制があった」という正当化など、障害があった。

そうした中、日本人「慰安婦」の徴募が具体的にどのように行われたかを知る手掛かりとなる大審院判決が二つ確認されてきた。本稿は二つの判決を紹介し、「慰安婦」徴募の一つの形態が誘拐罪に当たる犯罪であり、まぎれもなく強制連行であったことを明らかにする。

本論に入る前に補足しておこう。第一に、大審院とは現在の最高裁判所に当たる。当時の裁判所制度は、大審院を頂点に控訴院、地方裁判所という三段階の制度であった。現在の最高裁判所、高等裁判所、地方裁判所という三審制と同じ構図である。

第二に、本稿では大審院判決を取り上げるので、基本的に当時の日本刑法に基づいて検討することになる。ただし、これまで国連人権機関で何度も議論されてきたように、「慰安婦」問題に適用される法は、奴隷の禁止、強制労働の禁止、人身売買の禁止、人道に対する罪などの国際法を忘れてはならない。この点は、強制連行概念を明らかにするために、本稿最後に再説する。

一、長崎事件判決

強制概念を検討する際に参考になる事例を、一九三七年三月五日の大審院第四刑事部判決が提供している。本判決の存在は、「朝鮮人強制連行真相調査団」が、大審院判決は「女性を騙して国外の慰安所に送ることは国外移送目的誘拐罪に当たる」と判断していたことを公表したことによって明らかとなった[1]。

「誘拐は犯罪である」という当り前のことを確認した大審院判決を見てみよう[2]。

事件の内容は次のようなものである（以下「長崎事件」と呼ぶ）。

〈Aは、一九三〇年十一月頃から上海で慰安所を営業していたが、一九三二年一月、「海軍指定慰安所」として営業を拡張しようと思い、B〔判決当時は故人〕の紹介で、上海の旅館でC、Dと相談して、Dが資金を提供し、BとCが日本から女性を雇い入れることとし、その際、慰安所であることを秘匿し、単に女給または女中として雇うもののようにだまして誘惑し、上海に移送することとした。そこでDらは長崎にいたDの妻Eに女性募集を頼み、EはCの妻FとGに連絡して二名で分担して行うこととし、Dが帰国するや、さらにHをも加えて合意し、一九三二年三月下旬頃、IとJを介してKやLの協力も得て実行することとし、結局、I、L、J及びKが女性十五名をだまして誘拐し、上海に移送した〉〔現代的表現に直して引用した。以下同じ〕。

この事実に対して、長崎控訴院は次のように判断した。

〈第二審は被告人等が婦女を誘拐して上海に移送し醜業に従事させることを謀議した上、被告人A以外の被告人等がその謀議に基づき長崎地方において十数名の婦女を誘拐し、これを上海に移送したる事実を認定し、被告人等をいずれも共同正犯なりと判定し、その行為中誘拐の点に対しては刑法二二六条第一項、移送の点に対しては同条第二項を各適用し、なお右両行為の間に手段結果の関係あるものと認め同法五四条第一項後段に照らして処断したり〉

長崎地方裁判所及び長崎控訴院は、長崎事件につきAからLまでの全員について順次共謀による共同正犯として、国外移送目的誘拐罪の成立を認めた。

これに対して被告人らの一部が上告した。誘拐の実行行為をしたのはI、L、J、Kであり、他の者は謀議には参加したが、誘拐や移送の実行行為はまったく行っていないし、女性を騙して誘拐する認識もなかったと主張した。上告に対して、大審院が判断を下した。「判決要旨」は次の三点にまとめられる。

①「国外移送の目的をもって人を誘拐しその被誘拐者を国外に移送することを謀議した者は、その実行行為を分担しなかった時といえども、国外誘拐並びに国外移送罪の共同正犯の刑責を負うべきものである」

②「上海に移送する目的をもって人を誘拐して、これを同地に移送した時はただちに国外誘拐罪並びに国外移送罪の成立をきたすべく、同地に帝国軍隊が駐屯するか否か、帝国裁判権が行われるか否かは、犯罪の成立に関係ないものとする」。

③「国外移送の目的をもって人を誘拐した者が、その被誘拐者を国外に移送した時とは、その誘拐の点につき刑法二二六条第一項、移送の点につき同条第二項を各適用し、その間に手段結果の関係あるものとして、同法第五四条第一項後段に照らし処断するべきものとする」。

これが長崎事件・大審院判決の骨子である[3]。

その後、戸塚悦朗（龍谷大学教授・当時）は、長崎地裁および控訴院の判決文が存在することをつきとめ、これを入手・公開して、検討を加えた[4]。

戸塚によると、長崎事件判決は「日本軍『従軍慰安婦』の募集を日本の司法が犯罪として処罰したただ一つの事例」であり、「日本軍の『慰安所』に女性を拉致して、『慰安婦』にした加害者の処罰に関する今のところ最初の公文書」である。その歴史的位置について、戸塚は次のようにまとめている。

「拉致事件の発生は、判決言い渡しより四年前の昭和七年（一九三二年）のことであり、日本軍『慰安婦』被害者の事例としても、初期段階のものである。吉見義明教授が日本海軍の『軍慰安所』設置の最初の開設時期について論じている内容から考えると、相当早い初期段階の事例としてよいであろう。早期の日本軍『慰安所』の存在に関する有力な証拠の一つとなるばかりでなく、それらの設立が違法になされたことをも示す公文書と見ることができる[5]」。

二、静岡事件判決

二〇一二年八月、長崎事件以外にも同種の判例があることが判明した。大審院刑事判例集に登載されているにもかかわらず、これまで見落とされてきた判例である。

「満州」の「カフェー」で働かせるために「女給」が必要と考えて、静岡県内で女性を騙して、「満州」へ連れて行った被告人らに未成年国外移送目的誘拐罪が成立すると認めた大審院判決が存在することが、「朝鮮人強制連行真相調査団」の調査によって明らかになった[6]。

事件名は「国外誘拐移送同未遂国外誘拐被告事件（昭和十年（れ）第四九二号　同年六月六日第二刑事部

判決　棄却)」である。(7)

第二審である東京控訴院が認定したのは三つの事実である。概要は次のようなものである。なお、第一審は静岡地裁沼津支部である（以下「静岡事件」と呼ぶ）。

第一の事実

被告人Aの弟Bは、昭和八（一九三三）年二月、「満州」視察の際に、日本帝国軍駐在を知り、軍人を顧客とする「カフェー」を経営すれば巨額の利益を収得できると考えて、C及び被告人Dに告げて、「カフェー」を経営することとし、同年三月、被告人Dに「女給」数名を雇うよう依頼し、被告人Dは被告人Aと協力して「女給」の雇入れに奔走し、被告人Eや原審被告人Fにも「女給」の周旋を依頼したところ、同年三月、EはFと共謀の上、静岡県出方郡中郷村の飲食店G方に立ち至り、そこに酌婦奉公していたHの次女I（当時十九歳）に対し、Iが未成年であることを知りながら、Aらが開業する「カフェー」に「女給」として赴くよう慫慂し、「満州に行けば借金はすぐ抜け、一年も働けば札束を背負って帰国できる。帰るときには飛行機で帰れる」等種々甘言をもって誘惑し、Iに渡満を承諾させたうえ、Iの姉Jに、EがIを身請けして夫婦となると欺いて、Iを身請けして、三月二十六日頃、Aに引き渡し、EはFと共同してIを帝国外である「満州」に移送する目的をもって誘拐した（「満州」「女給」などのカギカッコは引用者が付した。以下同じ）。

第二の事実

被告人Aは、沼津市内の自宅において、Fから I を引き取り、F及びEから、同女を甘言を用いて誘惑して「満州」行きを承諾させて誘拐したこと、FらがJらに、EがIを身請けすると詐り、欺罔したこと、Iは未成年であり、渡満について親権者である実父の承諾のないことを知っていたにもかかわらず、三月二十八日、Iを被告人Dに引き渡し、Iほか数名の「女給」を「満州」に連行して、被誘拐者であるIを帝国外に移送した。

第三の事実

被告人Dは、Iほか数名の「女給」を伴って渡満したが、さらにBらが開業する料理店の「女給」を雇入れる必要を感じ、同年五月、帰国の上、原審相被告人K等に対し事情を告げて「女給」の周旋を依頼したところ、Kはこれを承諾し、原審相被告人Lと共謀の上、静岡県出方郡土肥村の料理店M方に至り、そこの酌婦であるN〔当時十六歳〕に対し、同女が未成年であることを知りながら、「満州」移送の目的を秘し、Nの実父から料理店の住み替えを依頼されてきたと偽り、KとLがNを欺罔して住み替えを承諾させたうえ、同女を誘拐し、同女の無知に乗じて、神戸の少し先の大連に行くと詐り、Nを被告人Dに引き渡し、次いで、K単独で沼津市の料理店O方の酌婦であったP〔当時二十七歳〕が生来いささか「愚鈍」であるのに乗じて、「満州」移送の目的を秘し、料理店住み替えを慫慂して欺き、Pを欺罔して住み替えを承諾させて、誘拐し、同女が無知で大連がどこにあるか知らないのに乗じて、あまり遠くない大連に行くと詐り、Pを被告人Dに引き渡したが、Dは、

NP両名がいずれも虚言を弄して連れ出されたもので、渡満について十分な承諾をしていないことを知りながら、またNは未成年であり、渡満について親権者の承諾のないことを知りながら、被誘拐者である両名を誘致し、帝国外である「満州」に移送しようと準備中に警察署の探知するところとなり、その目的を遂げなかった。

以上の三つの事実が認定されている。第一及び第二の事実は国外移送目的誘拐罪の既遂であり、第三の事実は未遂である。

右の事実について、東京控訴院判決を不服とした一部被告が上訴した。大審院は、一九三五年六月六日、上告を棄却した。「判決要旨」は「国外移送の目的をもって未成年者を誘惑し、自己の支配内に移した以上は、その監督権者を誘惑せざるも未成年者に対する国外誘拐罪を成す」とされている。

さらに「理由（要旨）」は次のように示されている。

〈国外移送の目的をもって未成年者を誘拐する罪は、国外移送の目的をもって未成年者又はその監督権者を誘惑し、その未成年者を自己の支配内に移すことによって成立するものである。したがって、原判決が判示するように、国外移送の目的をもって未成年者を誘惑して、これを自己の支配内に移し、またその被誘拐者を国外に移送し又は移送しようとした以上、刑法二二六条第一項第二項並びに第二項の未遂罪となるのであり、所論のようにさらに進んで監督権者に対する欺罔誘惑の行為があることを必要とするものではないので、論旨は理由がない〉。

静岡事件判決は、国外移送目的誘拐罪の成立を認めたもっとも初期の判決であり、大審院判決としては、長崎事件判決よりも二年早く出された、最初の判決と思われる。

実行行為が行われたのは、静岡事件は一九三三年であり、長崎事件は一九三二年であるので、事案としては長崎事件が先である。しかし、大審院判決は、静岡事件が一九三五年六月六日であり、長崎事件は一九三七年三月五日である。

なお、本判決には「慰安所」という言葉は使われていない。軍人を顧客とする「カフェー」のための「女給」という表現であるが、判決内容から見て「慰安婦」誘拐事案である。

判決は、静岡事件では刑事第二部が、長崎事件では刑事第四部が担当している。長崎事件を担当した刑事第四部の判事たちは、当然、静岡事件判決の存在を知っていたはずであるが、これを引用していない。その理由は必ずしも明らかではないが、静岡事件は未成年者に対する誘拐罪という側面があり、その点が判旨として強調されている。未成年者に対する誘拐という側面のない長崎事件について審理する際に、静岡事件判決を引用しなかったのはこのためであろうか。

静岡事件判決は、未成年者に対して誘惑して移送したことで誘拐罪が成立するのであり、その監督権者に対する欺罔誘惑行為がなされなくても誘拐罪は成立するとしている。この点が「要旨」であると理解すれば、国外移送目的の有無やその行為が焦点となった長崎事件判決では引用されないのも理解できる。

ただ、静岡事件判決は、国外移送目的誘拐罪の成立を認めた最初期の判決であり、長崎事件判決で焦点となった論点がすでに含まれていた。

三、略取と誘拐

「慰安婦」強制連行は誘拐罪に当たることが明らかになった。これは当時の刑法に基づいた判断であり、常識にも合致している。

誘拐罪というと、ほとんどの人は身代金目的誘拐罪を思い浮かべるだろう。テレビドラマでも、「お前の子どもを預かった。金を用意しろ」という電話から事件発生が明らかになるのが普通だ。他人の家に押し入って誘拐する例もあるが、普通は路上や公園など屋外からの連れ出しである。

刑法が規定する誘拐罪には多様なものが含まれる。基本類型は次の通りであった。

ⓐ未成年者略取・誘拐罪（刑法二二四条）
ⓑ営利・わいせつ・結婚目的略取・誘拐罪（刑法二二五条）
ⓒ身代金目的略取等罪（刑法二二五条の二）
ⓓ国外移送目的略取・誘拐罪（刑法二二六条）
ⓔ被略取者収受等罪（刑法二二七条）

一般には誘拐罪と言われるが、刑法では「略取・誘拐」とされ、時に「拐取罪」とも呼ばれる。長崎事件・静岡事件で適用されたのは国外移送目的誘拐罪である。大審院判決当時の刑法（一九〇八年制定）は次のように規定していた[8]。

〈二二六条　帝国外ニ移送スル目的ヲ以テ人ヲ略取又ハ誘拐シタル者ハ二年以上ノ有期懲役ニ処ス帝国外ニ移送スル目的ヲ以テ人ヲ売買シ又ハ被拐取者若クハ被売者ヲ帝国外ニ移送シタル者亦同シ〉

長崎事件・静岡事件当時の国外移送目的誘拐罪には四つの行為類型があった。

①国外移送目的＋略取
②国外移送目的＋誘拐
③国外移送目的＋売買
④被拐取者・被売者の国外移送

他の誘拐罪が日本国内における誘拐を念頭においているのに対して、国外移送目的を有する誘拐罪を別扱いにして独立の犯罪としたものである。国外移送目的誘拐罪であるから、現に国外に移送したことは必要なく、国外に移送する目的をもって誘拐して国内にいても、この罪の未遂が成立する。国外に到達することも必要なく、日本の港や空港から連れ出せば既遂となる。

「『略取』、『誘拐』とは、人を保護されている状態から引き離して自己又は第三者の事実的支配の下に置くことである。『略取』と『誘拐』の区別については、『略取』は暴行又は脅迫を手段とする場合であり、『誘拐』は欺罔又は誘惑を手段とする場合であるとするのが多数説であり、他方、略取は被拐取者の意思に反して行われるもので、主として暴行脅迫を手段とする場合であるとする反対説もある(9)」。

「誘拐罪における『欺罔』とは、虚偽の事実をもって相手方を錯誤に陥れることをいい、『誘惑』とは、欺罔の程度に至らないが、甘言をもって相手方を動かし、その判断を誤らせることをいうとするのが多数説である[10]」。

平川宗信（名古屋大学名誉教授）は次のように説明する。

「略取・誘拐とは、人を本来の生活環境から離脱させて自己又は第三者の事実的支配の下に置くことをいう。暴行・脅迫を手段とする場合が略取、欺罔・誘惑を手段とする場合が誘拐だとされる。誘惑とは、欺罔に至らない程度の甘言をもって判断の適正を誤らせることをいうとされている[11]」。

このように「略取」には暴行・脅迫が、「誘拐」には欺罔・誘惑が対応しているが、本質は本人の意思に反して連れ出すことである。

刑法には「取る」ことについて、「窃取」（二三五条・窃盗罪）、「強取」（二三六条・強盗罪）、「騙取」（旧二四六条・詐欺罪）、「恐喝」（二四九条・恐喝罪）、「横領」（二五二条・横領罪）のように他人の財物等を取る場合と、「略取」、「奪取」（九九条・被拘禁者奪取罪）のように人を取る場合とが規定されている。後者がより重い罪であることは言うまでもない。

さらに「売買」とは「対価を得て人身を授受する事である」。国外移送目的をもった人身売買を犯罪としている。

「移送」とは「被拐取者又は被売者を日本国の領土、領海又は領空外に運び出すことをいう。運び出した時点で既遂に達し、他国の領土内に運び入れることを要しない[12]」。

長崎事件では「慰安所であることを秘匿し、単に女給または女中として雇うもののように騙して誘惑」した行為が②の誘拐に当たり、長崎から実際に送り出した行為が④の国外移送に当たることになる。

静岡事件第一の事実では「Ｉが未成年であることを知りながら、Ａらが開業する『カフェー』に『女給』として赴くよう慫慂し、『満州に行けば借金はすぐ抜け、一年も働けば札束を背負って帰国できる。帰るときには飛行機で帰れる』等種々甘言をもって誘惑」した行為が②の誘拐に当たる。

第二の事実では「『女給』を『満州』に連行して、被誘拐者であるＩを帝国外に移送した」ので既遂となった。

第三の事実では「『満州』移送の目的を秘し、料理店住み替えを慫慂して欺き、Ｐを欺罔して住み替えを承諾させて、誘拐」したが、移送する前に発覚したので未遂となった。

「慰安婦」問題に即してみれば、「奴隷狩りのような強制連行」は「略取」に当り、「いい仕事があると騙す」のは「誘拐」に当たることがわかる。「奴隷狩りのような強制連行」がなくても、誘拐は犯罪である。「家屋に押し入って連れ出」さなくても、誘拐は犯罪である。

それでは略取・誘拐の保護法益は何であろうか。言い換えると、略取・誘拐を犯罪として処罰することで何を守ろうとしているのか。三つの学説がある。

①被拐取者の自由とする説。

②親権者等による人的保護関係とする説。

③被拐取者の自由と保護者の監督権の両方とする説。

従来の多数説は③説とされているが、未成年者誘拐ならともかく、成人誘拐の場合に保護者の監督権を想定することはできないし、「保護者の監督・監護権は、未成年者の人身の自由を保障するためのものというべきであり、これを独立した法益とする必要はない」から、①説が妥当であろう（平川宗信名古屋大学名誉教授）。

「慰安婦」問題に即してみれば、女性、しかも多くは未成年の人身の自由の保護が必要であった。人身の自由の保護という観点から見ると、「醜業を行はしむる為の婦女売買取締に関する国際協定」（一九〇四年）、「醜業を行はしむる為の婦女売買取締に関する国際条約」（一九一〇年）、奴隷条約（一九二六年）、「婦人及児童の売買禁止に関する国際条約」（一九二一年）、「強制労働に関する条約」（一九三〇年）等の国際条約が当時すでに存在し、日本政府も奴隷条約以外の条約を批准していた。

人身の自由を侵害する略取・誘拐罪を処罰する規定は、こうした国際常識に合致しており、まさに「慰安婦」問題に適用されるべき規定であった。日本刑法は一九〇八年に常識にかなった規定を設けていた。

四、長崎事件・静岡事件判決の意義

長崎事件・静岡事件大審院判決から明らかになったことを確認していこう。

第一に、日本人「慰安婦」の徴募形態の一つが誘拐罪であったことである。当時の刑法では、国外移送目的のない人身売買を犯罪化していなかったため、「人身売買だったから仕方がない」かのごとく主張する論者がいるが適切でない。国外移送目的の人身売買は犯罪とされていた。また、すでに公娼又は私娼であった場合でも、騙して国外に移送すれば誘拐罪である。

第二に、静岡事件の被害者のIやNは未成年であり、未成年者誘拐罪が成立している。日本人「慰安婦」についても未成年が被害を受けているが、朝鮮半島ではいっそう被害が拡大している。

第三に、「強制連行」の判断基準である。刑法の誘拐に当たる行為は強制連行であり、違法である。安倍晋三首相は「家屋に押し入った」誘拐だけを強制とし、路上誘拐を容認する発言を繰り返してきた。しかし、強制連行は奴隷狩りには限られない。略取・誘拐罪に当たる行為は、違法な強制連行である。

なお、誘拐に当たらない行為のすべてが強制連行に当たらないといえるかどうかはさらに検討が必要である。

第四に、これは当時の価値基準に従っている。「当時は許されていた」とか「戦前の問題について今日の価値基準で批判するべきではない」などという主張は、明らかに誤っている。略取・誘拐罪の規定は一九〇八年刑法の規定である。

長崎事件判決の歴史的意義について、戸塚悦朗は、次のように述べている。

「原審段階ならともかく、確定して後に判例集に登載されたような重要事件であったこの事件の場合は、一般人には知られていなかったとしても、政府関係者〔政府中枢部はもとより全国的に軍、外務省、司法省、内務省・警察関係者〕にとっては、特別に調査をしなくても、広く当然知られていたはずの情報だったといってよい。当時の法から見れば、『海軍指定慰安所』への長崎の被害女性らの拉致は犯罪であったことが確定したのであって、『当時は許されていた』などという見解は、到底支持しかねる状態にたちいたったのである」[13]。

小林久公（強制動員真相究明ネットワーク事務局長）は、一九三七年八月三十一日の外務次官通達「不良分子ノ渡支取締方ニ関スル件」により日本の出入国管理が始まり、一九三八年二月二十三日の警察保健局長通達「内務省発警察第五号　支那渡航婦女の取り扱いに関する件」が「それまで日本軍が設置してきた軍慰安所を政府が容認し、『慰安婦』の渡航手続きを定めたもの」としている[14]。小林によると、通達は「国内法、国際法に違反する犯罪行為であることを知りながら、前記一九三七年の外務次官通達による身分証明書を発行して『慰安婦』の中国への渡航を許可」したものである。

そして、小林は一九四〇年五月七日に米内光政内閣が決定した「渡支邦人暫定処理に関する件」を重視する。小林は「『慰安婦』女性については『慰問』の扱いではなく、『取扱方針』の渡航を認める対象の『在支　陸海軍の発給したる軍属たるの身分証明書を有するもの』の中に『慰安婦』を含め、その渡航を認めています」と確認している。

長崎事件、静岡事件の大審院判決以後、日本政府は日本本土からの「慰安婦」移送を規制しつつ、「渡航」を認めたのである。日本からの日本人「慰安婦」についても「渡航」を禁止せず、規制するにとどめたと言えよう。

なお、朝鮮半島からの移送を規制する措置が取られた記録のないことも重要である。

五、強制連行を考えるために

「慰安婦」強制連行について検討するためには、強制連行概念を明確にしなければならない。強制連行にはさまざまな局面があり、諸相がある。具体例はかなり多様である。そして、強制概念も一義的に明確というわけではない。このために恣意的な議論が横行してきた。

強制連行概念を定義する際、もっとも重要なのが法的概念であることは言うまでもない。第一に、日本政府の責任を問うのであれば、法的責任の有無が最大の問題になる。道義的責任その他の責任も議論する必要があるが、まずは法的責任が問題である。第二に、国際法上の概念が重要になる。日本国内で日本人に対して行われたことであれば、まずは当時の日本法を検討すれば足りる。アジア太平洋各地の「植民地」や占領地で行われたことであるから、国際法が重要になるが、朝鮮半島など植民地には「国内法」が適用された。

実際、一九九〇年代以来の国際人権機関では、奴隷の禁止、強制労働条約違反、人道に対する罪などの国際法上の基準に照らして議論が進められた。国連人権委員会のラディカ・クマラスワミ「女性に対する暴力」特別報告者、ゲイ・マクドゥーガル「戦時性奴隷制」特別報告者、二〇〇〇年の女性国際戦犯法廷などは、いずれも当時の国際法に照らして「慰安婦」問題の犯罪性と日本の国家責任を解明してきた。最近の拷問禁止委員会、自由権規約委員会、女性差別撤廃委員会などの条約機関から日本政府に対して勧告が相次いでいるのも、国際法の観点が大きい(15)。

「慰安婦」の徴募にはさまざまな形態があった。すでに一九九五年の国連人権委員会に提出されたクマラスワミ「女性に対する暴力」特別報告者の予備報告書及び一九九六年の人権委員会に提出された「日本軍慰安婦報告書」は、徴募には、①自発的応募、②給料のよい仕事で騙す、③大規模な強制と奴隷狩りに匹敵する女性の暴力的連行、の三つの類型があると指摘していた(16)。

仮に最初は①の自発的応募でも、慰安所に監禁し、「慰安」を強制し、劣悪な環境に置き続けたとすれば、当然に重大な人権侵害である。②の騙しの場合、本人を騙す場合や親を騙す場合が含まれるだろうが、前者は誘拐であり、後者は人身売買に当たる。③の大規模な強制は、例えば植民地支配下の朝鮮において法的強制に限らず、経済的その他の事実上の強制が行われたことは周知のことである。中国やフィリピンでは奴隷狩りと言うべき事態が報告されている。

このように従来、「慰安婦」問題は国際法の基準に照らして検討されてきた。他方で、従来、国内法的検討が十分に行われてこなかったことも確認しておく必要がある。安倍首相のように「家屋に押し入って連れ出す狭義の強制」などと言うのは、路上誘拐を容認する発言であって、およそ非常識であるにもかかわらず、日本のメディアや一般の議論においてこの種の非常識な発言が共鳴を呼んでいるのも事実である。

日本人「慰安婦」の徴募や移送の実態を解明することは、「慰安婦」問題の法律論を、国際法と国内法の両面にわたって総合的にとらえ返すための出発点となる。

なお、日本軍「慰安婦」の問題性は「強制連行」だけにあるのではなく、連行から「慰安所」での処遇にいたる全体において重大な人権侵害が行われたことにある。強制連行、強制労働、さらには逮捕、監禁、暴行、脅迫、傷害、殺人、そして終戦後の遺棄、現地置き去りなど、数々の犯罪が行われたが、本稿では立ち入らない。

（注）

（1）『毎日新聞』一九九七年八月六日。
（2）『大審院刑事判例集第十六巻』上　法曹会、一九三八年。
（3）前田朗「国外移送目的誘拐罪の共同正犯」『季刊戦争責任研究』一九号、一九九八年〔同『戦争犯罪論』青木書店、二〇〇〇年所収〕。
（4）戸塚悦朗「戦時女性に対する暴力への日本司法の対応、その成果と限界――発掘された日本軍『慰安婦』拉致処罰判決をめぐって（上・下）」『季刊戦争責任研究』四三号・四四号、二〇〇四年。同「日本軍『従軍慰安婦』被害者の拉致事件を処罰した戦前の下級審刑事判決を発掘」『龍谷法学』三七巻三号、二〇〇四年。
（5）戸塚、前掲『龍谷法学』八二五〜八二六頁。
（6）前田朗「『慰安婦』誘拐犯罪の証明――静岡事件判決」『統一評論』五六四号、二〇一一年。
（7）『大審院刑事判例集第十四巻』法曹会、一九三六年。
（8）日本国憲法施行に伴い、一九四七年の一部改正で「帝国」が「日本国」に改められ、さらに一九九五年改正で次のように改められた。
〈二二六条　日本国外に移送する目的で、人を略取し、又は誘拐した者は、二年以上の有期懲役に処する。日本国外に移送する目的で人を売買し、又は略取され、誘拐され、若しくは売買された者を日本国外に移送した者も、前項と同様とする〉。

さらに二〇〇五年改正で、二二六条の「所在国外移送目的誘拐罪」、二二六条の二の「人身売買罪」、二二六条の三の「被略取者等所在国外移送罪」に分けられているが、基本内容は同じである。

（9）『大コンメンタール刑法八巻』青林書院、二〇〇一年、六〇一頁。

（10）『大コンメンタール刑法八巻』六〇三頁。

（11）平川宗信『刑法各論』有斐閣、一九九五年、一八〇頁。

（12）『大コンメンタール刑法八巻』六三〇頁。

（13）戸塚、『龍谷法学』前掲八二六頁。

（14）小林久公「閣議で決定した『慰安婦』渡航手続きについて（資料調査）」『Let' s』第七七号、日本の戦争責任資料センター、二〇一二年。

（15）前田朗『人道に対する罪』青木書店、二〇〇九年。

（16）ラディカ・クマラスワミ著『女性に対する暴力』明石書店、二〇〇〇年。

植民地朝鮮の公娼制度と「慰安婦」制度

宋連玉

一、開港地における公娼制移植

1、釜山・元山における公娼制の移植

日本の植民地都市のシンボルは神社と遊廓といわれるように[1]、日本は植民地支配をした台湾（一八九五～一九四五年）と朝鮮（保護国化一九〇五～一九一〇年、「併合」一九一〇～一九四五年）に公娼制（遊廓）を移植する。

本稿では公娼制が、日本と移植先の植民地とでどのように異なり、植民地支配の進展によりどう変化するのかを明らかにし、ひいてはその公娼制が前提となって「慰安婦」制度が拡大していく歴史を実証したい。

日本は、明治維新から八年経った一八七六年に、軍事力を背景に日朝修好条規（江華島条約）という不平等条約の締結を朝鮮に迫る。この条約締結後に最初に朝鮮へ渡航した日本人女性は海軍軍医大

監（矢野義徹）の妻とその女性使用人とされるが[2]、外務省通商局編纂『旅券下付数累年比較（自明治元年至明治三十八年）』によると、条約締結前の一八六八年から一八七五年にすでに一四四人の女性が渡航している。著名な軍医の妻とは異なる無名の女性たちの具体的な姿は見えないが、公的記録に名を残せる存在でないことは確かである。

一八七六年に最初に釜山が開港されるが、その釜山に領事館が開設された一八八〇年にはすでに少なからぬ遊廓業者が居留日本人を相手に営業をしていた。その二年前の一八七八年に日本人の朝鮮行き旅券発給が広島、山口、島根、福岡、鹿児島、長崎厳原（対馬）の各地で可能となり、手数料も二円から五〇銭に減額された。朝鮮行きが手軽になる中で、一八七九年に長崎の遊廓業者が釜山に進出するために大阪で娼妓集めに奔走したという話[3]や、釜山で盛業中の同業者を追って東京吉原の遊廓業者が釜山行きを進めているという話[4]が新聞紙上に散見される。

新市場に群がる遊廓業者に向けて、領事館は領事館令として「貸座敷営業規則」「芸娼妓営業規則」[5]を一八八一年十一月に制定する。その内容は一八七六年に日本の内務省警視局が取り決めた「貸座敷並娼妓規則」を基にしている。娼妓の許可年齢を十五歳以上とし、一週間に一回の性病検査を義務づけたところは、釜山の領事館令と内務省警視局の規則は同じだが、内務省のものは芸妓と娼妓を一括していない。釜山の領事館令では名目は異なっていても実質的には賦金として徴収した金額が、芸妓と芸娼妓、娼妓で同じである[6]。すなわち釜山の遊廓は当初から芸妓と娼妓の境界があいまいであった。

また内務省警視局のものは、娼妓に規則を周知させることや娼妓の「正業」への転職を妨げないことを業者に訓示しているが[7]、釜山にはそのような条項はない。

貸座敷経営者、娼妓から徴集する賦金は内務省のものでは営業利益に対する歩合制であるが、釜山では定額となっている。規則違反の際の罰則として、内務省のものは業者には鑑札取上げ、罰金三〇円以内か懲役六カ月以内、娼妓には罰金二〇円以内、懲役五カ月以内となっているのに対し、釜山では内務省と同額の罰金刑だけである。総じて釜山のほうが業者の営業に有利な内容となっている。娼妓に対する居住制限は釜山では貸座敷内となっているが、内務省のものは営業区域内なら自宅から通うことも許された。このように公娼制が移植されたといっても、当初から朝鮮に適用されたものは業者に有利に作られていた。

さらに一八八〇年に開港した元山でも、釜山と同じ内容の遊廓営業規則が施行される。

2、仁川・ソウルにおける偽装公娼制

釜山・元山に次いで一八八三年に仁川が開港すると、外務省は仁川での公娼制移植に難色を示す。その理由は日本と清国以外に欧米諸国が朝鮮と修好条約を結び、各国の領事館が仁川に開設されるからである。

外務省は「唯朝鮮のわが居留地にのみ猥褻な営業を公許した」ことについて「当時はやむを得ず、いったん公許した」と説明し[8]、釜山・元山の業者には一年以内の廃業を命じたが、居留地の有力者でもある遊廓業者の反対から、従来の営業者に限って営業の継続を認めるという特例を設けた[9]。

公娼制をめぐって、国家的体面から反対する外務省と存続を訴える仁川領事館との間で議論が続くが、その結果出された結論は、貸座敷を「料理店」、娼妓を「芸妓」もしくは「酌婦」と呼称する偽

装公娼制であった。

次に領事館の官僚を悩ませるのは偽装公娼制に伴う密売春問題であるが、これに対し釜山・元山・仁川などの日本人居留地で「売淫罰則」を制定して、これらの問題に臨もうとした。一八八三年に制定された「清国・朝鮮国在留日本人取締規則」に、一八八五年には密売春取締を付け加えるが、総じてこれらの罰則は懲役刑や強制退去よりも罰金刑を軸にしたもので、居留民確保に重きを置いていた(10)。

やがて仁川では一八九二年に、ソウルでは一八九六年に芸妓が接待する料理店営業が認められるようになる。公娼制を条件付きで認めていた釜山・元山でも一八九〇年以降は貸座敷を特別料理店と改称し、欧米への国家的体面と居留地の実利をはかる売春管理の再編をした。

二、植民地公娼制の確立

1、軍事占領と占領地公娼制

日本政府は朝鮮南部で起こった農民たちの変革運動（甲午農民戦争）を口実に、軍隊を派遣し、日清戦争を引き起こす。戦後も対ロシアの戦争をめざして軍拡し、朝鮮には引き続き軍隊を駐屯させた。同時に朝鮮行きの旅券手続きの簡略化(11)、渡航民の奨励、居留民の増加に伴う居留地の拡大(12)を実現するが、軍隊を中心に形成される居留民社会では接客業の占める比重は、例外なく大きいものだった(13)。

図1　韓妓貸座敷広告

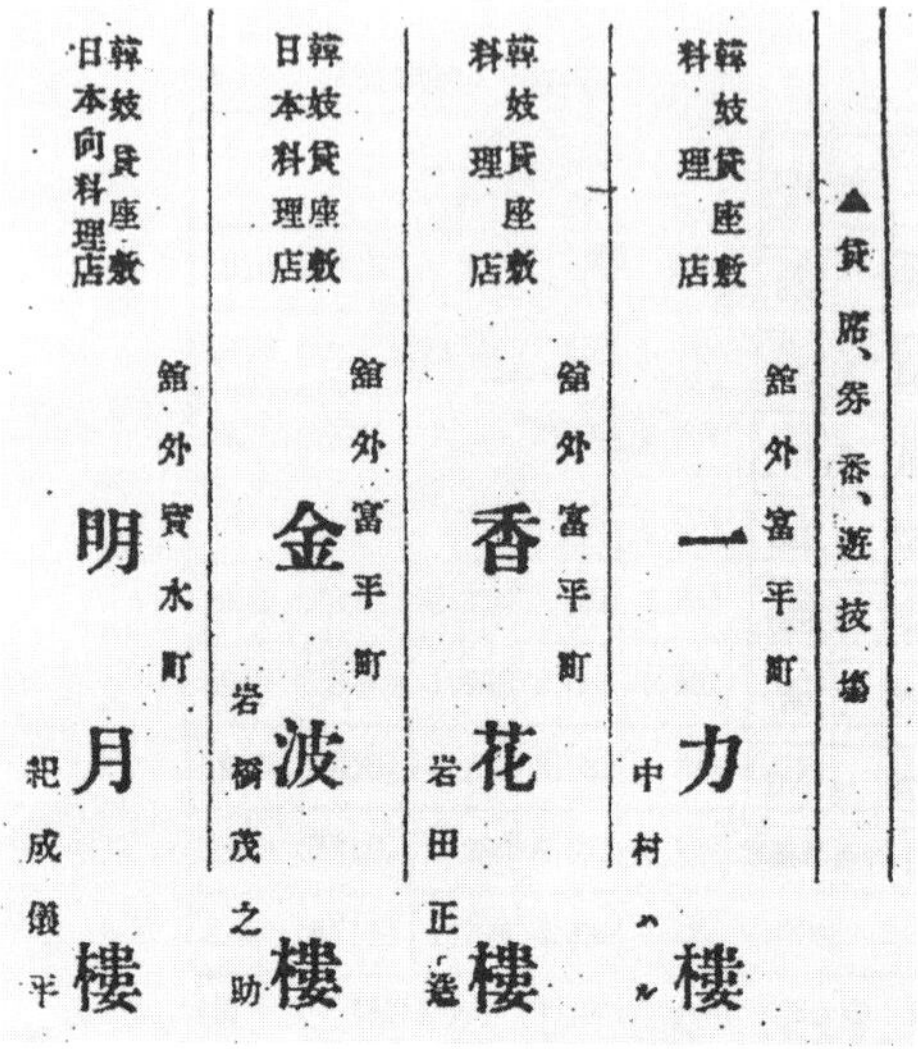

図1は一九〇二年に刊行された『韓国案内』（香月源太郎、青木嵩山堂、一九〇二年）の巻末広告だが、この頃の偽装公娼制の中身を雄弁に物語っている。日本人経営の料理店の内実は、朝鮮人娼妓を雇用する貸座敷であることを隠さない。

しかしこの種の営業者が増えることで生じる混乱を避け、貸座敷と一般料理店を区別するために、貸座敷を「特別料理店」、娼妓も「第二種芸妓」、あるいは「乙種芸妓」と呼びかえる。呼称を変えるだけでなく、営業地域も制限し、徐々に公娼制の基礎を整えていく。

この公娼制拡大の契機となったのは日露戦争である。日本は一九〇四年二月に日韓議定書を結び、朝鮮を事実上の軍事占領下に置き、三月に常設日本軍として韓国駐箚軍を編成する。韓国駐箚軍の軍用地としてソウル・龍山に四〇〇〇坪近い土地が強制収用される。軍備増強とともに海路、陸路が整備され、軍が収用した地域内に新市街が形成されると、そこに遊廓が出現していったのである。[14]龍山でも一九〇六年に桃山遊廓（後の弥生遊廓）、続いて大島遊廓が開業する。

ソウルは政治的、軍事的支配の中枢であったために、性病検診は他地域以上に徹底した。一九〇四年に「芸妓健康診断施行規則」「花柳病予防規則」を制定し、これを龍山、開城、水原、大田にも準用した。

それ以外の軍事的要衝地では、軍は兵士管理のために遊廓経営を黙認するだけでなく、管理にも介入していく。龍岩浦での場合、遊廓経営には兵站司令部の許可が必要とされていた[15]。また日露戦争を契機に、朝鮮では軍人や憲兵、警察経験者が多く遊廓経営に参入するようになる[16]。

日本は一九〇七年に朝鮮駐屯師団を一個師団とするが、日本の朝鮮支配に反対する義兵闘争が展開されると、軍を増派して義兵たちの戦いを鎮圧した。そのさなかにも日本の将兵が遊廓を利用していたことが陣中日誌に窺える[17]。

遊廓の用地確保に当たっては、軍用地として強制収用したり、軍事力を背景に破格の値段で買収したが、ソウルの新町遊廓の場合は地代収入を居留民団の財政に充てていた[18]。

2、「韓国併合」と公娼制における民族差別

日露戦争開戦直後、日本は日本人将兵を「性病から守る」ためソウルの朝鮮人娼妓の取締にも着手する。鍾路《チョンノ》の南側（現在の中区笠井洞）に集娼地域を設定し、日本人軍医による性病検査を実施した。

一九〇五年、日本は朝鮮を保護国化し、外交権、軍事権（一九〇七年）、司法権（一九〇九年）と奪っていく過程で、一九〇八年にソウルにおいて「妓生団束令」「娼妓団束令」を制定する。取締を意味する〝団束〟という漢語は、朝鮮人になじみのある言葉であるだけに、あたかも朝鮮人の側から自主

的に性管理を求めたかのような印象を与える。両団束令は『大韓帝国官報』には漢字とハングル混用文で書かれ、『妓生及娼妓ニ関スル書類綴』（細則）には漢字とカタカナ混用文で書かれているが、全文の意味を理解できた朝鮮人は多くはなかったろう。具体的な条項や組合規約には、妓生や娼妓の管理組織、花代を時間単位で設定した定額化などが取り決められ、性売買の大衆化とシステム化が図られた。娼妓に対しては特定区域への囲い込み、性病検診の義務化とともに許可年齢を十五歳とした。

この性管理政策に対する、朝鮮人の側からの警戒や非難の声は当時の民族新聞にもしばしば掲載されていた（『皇城新聞』一九〇八年十一月二十一日）。

朝鮮で許可された十五歳という年齢について日本と比較すると、日本「内地」では娼妓許可年齢を一八八七年に十五歳から十六歳へ、一九〇〇年には十八歳に引き上げていた[19]。朝鮮内の日本人娼妓の場合も、一九〇六年から一九一〇年までに城津、群山、元山、清津、京城（ソウル）、平壌、大邱、鎮南浦、仁川、釜山、新義州、木浦の理事庁で制定された芸妓（娼妓を指す）取締規則では日本「内地」の年齢規定に従って十八歳以上とした。それにもかかわらず朝鮮人娼妓の年齢を一八八七年以前の十五歳としたのである。この大きな年齢差は貧しい朝鮮人女性に対する遊廓業者の吸引力を増す要因となった。

義兵運動をほぼ鎮圧した一九一〇年に「韓国併合」がなされるが、その後に朝鮮総督府各道警務部が制定した取締規則の内容は一様ではなかった。例えば平安南道の芸妓酌婦（＝娼妓）の年齢は十八歳だが、咸鏡北道では十五歳以上、平安南道では十八歳、平安北道・黄海道・忠清北道は日本人十八歳、朝鮮人十六歳と、年齢における民族差別を巧みに利用する地域も存在した。

3、公娼制確立と植民地差別

日本は「韓国併合」に伴い朝鮮総督府官制を公布、総督は陸海軍大将とし、駐箚師団の指揮権が与えられた。一九一六年に朝鮮常駐師団が編成され始め、それらの兵力を基に第一九師団（咸鏡北道・羅南）、第二〇師団（ソウル・龍山）が設置されるが、公娼制が確立するのはまさに朝鮮軍司令部の体裁が整う時期に重なる(20)。

日露戦争を経て日本が朝鮮を保護国化すると、公娼制と変わらない性管理システムが整

仁川・敷島遊廓大門前

釜山緑町遊廓

備されるが、日本「内地」の公娼制と同じ名称を再使用するのは韓国併合から六年経った一九一六年のことである。この時にそれまで地域、民族で複雑に異なっていた貸座敷・娼妓の取締規則を全朝鮮的に統一し、植民地権力のもとに公娼制の確立を図るのである。

ちなみに台湾への公娼制の導入は、日本の領有直後の一八九六年、台北県令甲第一号「貸座敷並娼妓取締規則」の制定により始まる。一九〇六年には日本軍の侵攻とともに台湾総督府の支配が地方にまで及ぶが、この時期に台湾公娼制が確立する。すなわち、それまで貸座敷・娼妓に対する取締法令が島内の地域ごとに違っていたので、そこから生じる混乱や弊害を是正するために、「貸座敷及娼妓取締規則標準」「娼妓検診及治療規則標準」（民警）を定め、全島的に統一し、娼妓の許可年齢は十六歳と定められた。

一九〇七年までは業者も娼妓も日本人だけだったが、一九〇七年には台南県に唯一の台湾人貸座敷区域が成立する。[21]台湾と比較しても、朝鮮における公娼制は名称問題も含めて異なる過程をたどる。それは日本にとっての台湾と朝鮮との軍事上の重要度に関わる違いによるものであろう。

朝鮮における公娼制の実態を見るために、それぞれの取締規則の内容を比較してみたい。日本「内地」では一九〇〇年に制定された「娼妓取締規則」（内務省令）と「貸座敷取締規則」（警視庁・各府県警察）とは別々の省庁で定められている。すなわち内務省令の「娼妓取締規則」は日本「内地」で共通しているが、娼妓取締規則細則や営業者向けの取締規則は地域によって内容が異なる。

それに対し朝鮮では朝鮮総督府警務総監部令として「貸座敷娼妓取締規則」にまとめられている。植民地における公娼制は、性病検診だけでなく、植民地支配のための治安、風俗取締、財源確保などの意義もあったので、総督府警察権力が一括して公娼制を監視・管理している。

朝鮮での娼妓許可年齢は十七歳以上と決められたが、この年齢規定は日本人娼妓にも適用された。一九一六年以前の法規に見られた民族差別ではなく、朝鮮にいる総ての娼妓を「内地」と差別化する植民地主義へと転じたのである。

公娼制と「慰安婦」制度の違いは廃業規定の有無にあるという主張もある。しかし朝鮮において廃業規定なるものは現実的に存在しえたのだろうか。廃業規定は日本「内地」では「娼妓取締規則」の十二条に「何人と雖も娼妓の通信、面接、文書の閲読、物件の所持、購買其の他の自由を妨害することを得ず」とあるが、朝鮮では第七条「貸座敷営業者は左の各号を遵守すべし」の十七項に「濫に娼妓の契約、廃業、通信、面接を妨げ又は他人をして妨げしめざること」とある。すなわち日本では娼妓の権利が娼妓取締規則に明記されているのに対し、朝鮮では業者の裁量とされているのである。

また内務省同規則第五条の「娼妓名簿削除の申請は書面又は口頭を以てすべし」や、各府県令の「貸座敷取締規則」において業者に指示した「貸座敷は娼妓取締規則に仮名を附し娼妓の見易き場所に掲示し置くべし」という条項は朝鮮の規則には見当たらない。

日本人娼妓にとっても解読が難しい法令文を、内務省や日本の警察は娼妓向けに漢字部分も仮名を振って通知するようにと、規則を改定する都度に指示してきたが、そのような機会や配慮は朝鮮では与えられていなかった。

日本は一九〇五年には学童女児の九三パーセントが就学しているが、朝鮮の場合、一九四二年になっても二六・八パーセントに留まった。[22] しかも朝鮮人女性にとって母語ではない他言語で書かれた法文を理解するのは不可能である。たとえ廃業規定が目の前に掲示されたとしてもそれは何らの意味も持たなかった。

さらに付け加えれば、朝鮮における娼妓取締規則は朝鮮人のみならず、日本人にも適用されていたので、朝鮮におけるすべての娼妓は自分たちに関わる重要な文言を知らされていなかった。

貸座敷取締規則の遊客名簿作成は日本「内地」でも義務付けられていたが、「内地」では氏名、年齢、遊興費の記入と、警察官吏が要求すれば開示することが決められているのに対し、朝鮮では氏名、年齢、遊興費はもとより、人相・着衣の特徴、指名した娼妓名、住所、職業を記入し、名簿使用前に警察署長の検印を受けるようになっていた。このような例からも、朝鮮においては当局の業者に対する介入、圧力がより強く働いていたと言えよう。

貸座敷業者の願出（第一条）、不審な誘客、娼妓の死亡・変傷・逃亡の際の届出（第十三条）、貸座敷への臨検又は営業用帳簿の検査（第三〇条）は日本「内地」では所轄警察官署の権限であるが、朝鮮では警察官と憲兵にあった。これは植民地における公娼制が顧客を民間人と兵士を対象にしていただけではなく、軍隊も植民地の公娼制により関与していたことを物語る。警察や憲兵の強い権限は、遊廓業者の生殺与奪権を握ることになるが、植民地においては支配を扶ける親日派形成に一定の役割を果たすのである。

日本は「婦人及児童ノ売買禁止ニ関スル国際条約」（一九二一年）に、条約の年齢規定、二十歳、あるいは二十一歳を留保して条約に加入（一九二七年に年齢留保は撤廃）するが、台湾、朝鮮、関東租借地、樺太、委任統治領南洋群島には、その国際条約を適用しなかった。

以上に法令上の植民地差別・民族差別を見てきたが、差別は前借金の額面や待遇などにも表れた。一九二九年、平壌の娼妓の稼ぎ高を比較すると平均して朝鮮人女性は日本人女性の三分の一にしか過ぎず、前借金の場合は三分の一から四分の一だったことが報告されている。[23] 一九二六年に行われたソウル新町遊廓と仁川の遊廓調査の結果、朝鮮人女性には娼妓許可年齢も守られていないケースも報告されている。[24] 業者の経営規模も朝鮮人は日本人よりはるかに零細だった。[25]

三、兵站基地・朝鮮における植民地公娼制と「慰安婦」制度

総督府警務局の調査（『朝鮮警察の概要』一九二七年）によると、一九二六年末の朝鮮人経営の貸座敷総数は五七九、朝鮮人娼妓は三一七二人だが、辺境の咸鏡北道が貸座敷、娼妓数ともに京畿道、慶尚南道、平安南道に次ぐ四位である。京畿道、平安南道、咸鏡北道には朝鮮軍司令部が所在し、慶尚南道には日本に繋がる玄関口の釜山が位置していた。

日中戦争が始まる頃になると朝鮮内の公娼制にも変化が見られる。それまで貸座敷内の娼妓は特別な理由がなければ外出が認められていなかったが、一九三四年末（日本「内地」では一九三三年）に法令が一部改定され、娼妓の外出制限が削除された。同時に朝鮮の「貸座敷娼妓取締規則」の第一条、第十三条から「憲兵」という文言が削除される。[26]

朝鮮内の朝鮮人娼妓の数は一九一六年以来、一貫して増加するが、一九三九年になって朝鮮内の日本人娼妓数を逆転する。[27] この数値は植民地下にあった朝鮮人の貧困を雄弁に物語るものであると同時[28]

に、朝鮮社会全体が兵站基地として戦争経済に組み込まれる状況が表れている。同時に、芸妓・娼妓・酌婦を業者に繋ぐ紹介業者数も一九二〇年から一九四〇年の間に倍増している。[29] この数値から性風俗業への人身売買ルートの広がりを見ることができるだろう。

日中両国間の全面戦争に拡大すると、一九三七年から一九四一年の間に日本軍の総師団数は二四から五一に膨張した。

「内地」師団は戦地に派遣され、日本「内地」に駐屯する将兵の数は減少する。公娼制はカフェなどの新しい遊興文化に押され、衰退の傾向を見せていたが、戦時下の綱紀粛正を図る意味でも日本「内地」の廃娼は日本政府の戦争遂行の都合にかなっていた。

さらに重要度を増した兵站基地としての朝鮮では、性風俗業においても、戦時下で芸妓や妓生の売り上げは落ちるが、ソウル新町・龍山、仁川の遊廓は軍人の登楼により、むしろ売り上げを伸ばした。[30] 台湾においては一九二〇年代初めから朝鮮人娼妓の台湾渡航が増え始め、一九三〇年には台湾人を上回り、四〇年前後には台湾全体の娼妓数の約四分の一を占めるようになる。[31]

朝鮮より低い娼妓許可年齢やその他の営業規則が零細な朝鮮人業者を台湾に向かわせる要因となったのであろうが、日中戦争下、台湾守備隊が上海派遣軍の指揮下に編入され、第四八師団に改編されると、これらの朝鮮人は業者・娼妓ともども台湾から華南地方の戦地に送り込まれる。[32]

戦争によって拡大する性風俗市場に吸引される朝鮮人女性は、その人数も増え、行き先も拡大する。李如星は、一九三〇年代に入って「密売春婦」と海外に人身売買される女性の数が急増していると報告しているが、[33] 李の指す海外とは、中国、台湾、樺太、東南アジアと日本の戦線に重なる地域に広がった。

日中戦争が勃発して以降は、中国へ移住する朝鮮人の数は増加するが、北京では在留朝鮮人の数は十倍弱の増加を示した[34]。一九四〇年の上海在住の朝鮮人女性の職業別統計を見ると、七〇七人中六五八人が女給、酌婦、娼妓、芸妓など性風俗業に従事していた[35]。

急激に膨張した軍隊、増大した兵士に対し、軍は軍隊周辺の性風俗業を管理しながら、兵士の数に見合う大量の女性を調達する必要に迫られた。その結果、促成されたのが「慰安婦」制度だと言えるだろう。

ソウルに住んでいた申在順という女性が、朝鮮人の仲介で騙されて一九三八年春に南京の慰安所に送られるが、一九三九年八月にソウルに戻って仲介者に抗議したところ、流言飛語の罪で逮捕されてしまったという事件があった[36]。この事件は氷山の一角であろうが、いかに「慰安婦」制度が機密として扱われ、また朝鮮人社会の口コミを通していかに警戒されていたかを推し量る一史料となる。

以上に見てきたように、朝鮮の公娼制は当初から朝鮮に対する侵略と戦争遂行を支える必須の制度として日本政府、植民地権力、あるいは軍隊によって管理されてきたものである。廃娼規定などは法文上の形式においても存在しなかっただけでなく、公娼制が進められた朝鮮においては、駐箚指揮権を持つ陸軍大将が総督となった。このような体制下で市民法があるはずもなければ、植民地統治期間を平時と評価することもできないだろう。そのような意味では朝鮮の公娼制は日本「内地」とは異なるものである。

娼妓の許可年齢を台湾では十六歳、朝鮮では十七歳と日本「内地」の十八歳と格差をつけることで、貧困度やその他の事情によって追いつめられた娘たちが日本「内地」から朝鮮へ、朝鮮から台湾へ、さらには戦地へと移動させられる回路が形成されていった。

公娼制が軸となって作りだされた広範囲な人身売買ルートの形成なくして暴力的な「慰安婦」制度の実現は難しかったであろう。

【参考文献】

早川紀代『植民地と戦争責任』吉川弘文館、二〇〇五年。
宋連玉・金栄『軍隊と性暴力――20世紀の朝鮮半島』現代史料出版、二〇一〇年。

(注)

(1)橋谷弘『帝国日本と植民地都市』吉川弘文館、二〇〇四年、八一頁。
(2)難波仙太郎『朝鮮風土記』上巻、建設社、一九四二年。
(3)『大阪朝日新聞』一八七九年十二月七日。
(4)『有喜世』一九八〇年五月十一日。
(5)『韓国警察史(外務省警察史韓国部)』第四巻、高麗書林、一九八九年。
(6)徴収の名目として芸妓は営業取締費、娼妓は営業取締費及び梅毒病院費、娼妓を兼ねる芸妓も同様である(注5と同じ)。
(7)一八八二年の警視庁布達「貸座敷引手茶屋娼妓三渡世取締規則」には娼妓が二〇歳未満なら稼業を三年以内と限っている。ただしこの規定は一八九一年に撤廃された(中西一『遊女の社会史』有志舎、二〇〇七年）。また規則には仮名を振って娼妓に訓示するように命じている。ちなみに開拓使本庁「札幌小樽貸座敷並芸娼妓営業規則」（明治十年）では営業者が娼妓に読書、習字、紡績、裁縫などを習得させるように規定している。

（8）「明治十六年十月十六日起草・貸座敷営業及娼妓営業廃止方　件省議」『韓国警察史』第一巻。

（9）「朝鮮国各港ニ於テ貸座敷営業及娼妓営業両業共再願新願ヲ許サス」（明治十六年十二月十日）『外務省布達書』自明治十六年至同十六年。

（10）宋連玉「世紀転換期の軍事占領と『売春』管理」『軍隊と性暴力――朝鮮半島の20世紀』現代史料出版、二〇一〇年。

（11）一八九五年には居留民であれば再渡航許可証がなくても朝鮮に行くことができたし、一九〇〇年には朝鮮での漁業者は旅券がなくても朝鮮渡航が可能となった（木村健二『在朝日本人の社会史』未来社、一九八九年）。

（12）一八九九年までに鎮南浦、木浦、馬山、群山、城津が新たに居留地となった。

（13）一例をあげると、一八九六年のソウルの居留民の職業中、もっとも多いのが酌婦であり、女性のほぼ五人に一人だった（京城居留民団役所『京城発達史』一九一二年）。

（14）「平壌ニ於ケル帝国軍用地域内ニ新市街設定一件」外務省外交資料館『外務省記録三―十二―一』（明治三十八年）。筆者が平壌で遊廓（美人楼）を経営していた小林氏の長女（多田さや子氏）に一九九四年九月に面談した折に、小林氏が軍司令部の募集で遊廓経営を始めたと聞いている。また一九一〇年から軍港建設が始まった鎮海（慶尚南道）では翌年に東京吉原の遊廓業者に三〇年間、約一五〇〇〇坪の軍用地を「貸下げ」する代わりに、業者が遊廓地整備の費用を負担することを約束する。最終的には当初予定していた高台の場所よりも市街地に遊廓は開設される（海軍省『明治四五年〜大正一年　公文備考　鎮海永興関係書類二三』）。日本で軍艦乗組員其の他出入り要路にあたる海岸での貸座敷営業を禁止する判例が明治四二年に出されたことが、この遊廓候補地の変更と関わるだろう（内務省警保局『警察法令判例集』一九二七年）。

(15)『韓国警察史』三。日本政府は日露戦争、シベリア出兵などの戦禍で損害を被った在外日本人に補償、救恤を幅広く行ったが、その中には貸座敷経営者も多く含まれていた。龍岩浦で貸座敷経営をしていた男性（富永姓）は台湾総督府を通じて賠償請求をしている（『外務省記録』五―二―十七）。
(16) 宋連玉、二〇一〇年。
(17) 土地住宅博物館研究叢書第十五輯『陣中日誌Ⅲ』に「軍隊出発ニ当リ醜業婦杯ノ見送リ等ヲ禁止ス可シ従来満州辺リニ見ル醜態ヲ再ビスルコトナキヲ要ス」と戒告している。
(18) 菊池真「新町遊廓の創設」『居留民之昔物語』一九二七年。京城居留民団役所『京城発達史』一九一二年。
(19) 日本では一九〇〇年に娼妓許可年齢を十八歳と決めたが、その後遊廓業者から何度も年齢引き下げの請願が出され、内務省内部でも発議されている（『内務大臣決裁書類・明治三七年』、『内務大臣決裁書類・大正七年（上）』）。朝鮮における低年齢が日本人娼妓の待遇を引き下げる要因ともなっていたことが推察される。
(20) 辛珠柏『朝鮮軍概史』宋連玉・金栄共編著、二〇一〇年。
(21) 張暁旻「植民地台湾における集娼制の確立過程」『現代台湾研究』第三八号。
(22) 金富子『植民地期朝鮮の教育とジェンダー』世織書房、二〇〇五年。
(23) 朝鮮総督府『平壌府』一九三二年。
(24) 奥村龍三「朝鮮の公娼に就いて」『廓清』一九二六年八月。
(25) 朝鮮商工研究会『朝鮮商工大鑑』一九二九年。
(26) 第一条、第十三条の「憲兵」は一九三四年に削除される（『朝鮮総督府令』第百十四号）。
(27) 一九一六年の娼妓数は日本人二〇七七人、朝鮮人七七四人で、一九一六年の数値を指数一〇〇で示すと、一九四二年には朝鮮人は二六八、日本人は八五となる（宋連玉「日本の植民地支配と国家的管理売春――朝鮮の公娼を中心にして」『朝鮮史研究会論文集』三二、緑陰書房）。
(28) 三〇年代、朝鮮人の平均賃金は日本人の半分にも及ばず、全人口の三パーセントにも達しなかった日本人が、総所得の二割以上を占めた（李憲昶『韓国経済通史』法政大学出版局、二〇〇四年）。

(29) 「警察——警察上取締営業」『朝鮮総督府統計年報』の各年版による。

(30) 「支那事変関係——事変下での経済界の諸情勢」『治安状況』京畿道、一九三八年九月。

(31) 藤永壮「一五年戦争期・台湾の接客業」『戦争責任研究』六六号、二〇〇九年冬号。

(32) 女性のためのアジア平和国民基金編『政府調査「従軍慰安婦」関係資料集成』第一巻、龍溪書舎、一九九七年。「南方派遣渡航者に関する件」『陸軍省——陸亜密大日記——S十七—五八—一七〇』防衛省防衛研究所。憲兵調査の結果、三人選定された経営者のうち、一人は済州島出身の朝鮮人であった。

(33) 『新家庭』一九三四年七月号。

(34) 朝鮮銀行京城総裁席調査課『〔極秘〕内地、支那各地在住の半島人の活動状況に関する調書』

(35) 孫科志『上海韓人社会史——一九一〇～一九四五』ハヌル、二〇〇一年。

(36) 『思想に関する情報綴〔四〕京高秘第二三〇三号』一九三九年九月十三日。

日本軍の慰安所政策について

永井　和

一、問題の所在

所謂「従軍慰安婦論争」は、直接には一九九七年度から使用される中学校用文部省検定教科書の「従軍慰安婦」に関する記述の是非をめぐる論争としてはじまったが、その背景をさかのぼれば、一九九一年以降次々とカム・アウトし、日本政府を告発した韓国、フィリッピン、台湾、中国、オランダ等の元慰安婦たちの活動、とくに謝罪と賠償を求める法廷闘争と、それに触発されてはじまった日本政府と国連人権委員会の調査活動、そして政府調査結果をふまえてなされた日本政府の謝罪と反省の意志表明といった、一連の動きに対する反発、反動としてとらえることができる。

本報告では、一九九六年末に新たに発掘された警察資料を用いて、この「従軍慰安婦論争」で、その解釈が争点のひとつとなった陸軍の一文書、すなわち陸軍省副官発北支那方面軍及中支派遣軍参謀長宛依命通牒、陸支密第七四五号「軍慰安所従業婦等募集ニ関スル件[1]」（一九三八年三月四日付—以後副官通牒と略す）の意味を再検討する。

まず問題の文書全文を以下に引用する（引用にあたっては、原史料に忠実であることを心がけたが、漢字は通行の字体を用い、適宜読点を補った）。

支那事変地ニ於ケル慰安所設置ノ為内地ニ於テ之カ従業婦等ヲ募集スルニ当リ、故ラニ軍部諒解等ノ名儀ヲ利用シ為ニ軍ノ威信ヲ傷ツケ且ツ一般民ノ誤解ヲ招ク虞アルモノ或ハ従軍記者、慰問者等ヲ介シテ不統制ニ募集シ、社会問題ヲ惹起スル虞アルモノ或ハ募集ニ任スル者ノ人選適切ヲ欠キ為ニ募集ノ方法、誘拐ニ類シ、警察当局ニ検挙取調ヲ受クルモノアル等注意ヲ要スルモノ少ナカラサルニ就テハ、将来是等ノ募集等ニ当リテハ派遣軍ニ於イテ統制シ、之ニ任スル人物ノ選定ヲ周到適切ニシ、其実地ニ当リテハ関係地方ノ憲兵及警察当局トノ連繋ヲ密ニシ、以テ軍ノ威信保持上並ニ社会問題上遺漏ナキ様配慮相成度依命通牒ス(2)

この文書は吉見義明の発見にかかるもので、軍が女性の募集も含めて慰安所の統制・監督にあたったことを示す動かぬ証拠として、一九九二年に朝日新聞紙上で大きく報道された。吉見はこの史料から、「陸軍省は、派遣軍が選定した業者が、誘拐まがいの方法で、日本内地で軍慰安婦の徴集をおこなっていることを知っていた」のであり、そのようなことがつづけば、軍に対する国民の信頼が崩れるおそれがあるので、「このような不祥事を防ぐために、各派遣軍が徴集業務を統制し、業者の選定をもっとしっかりするようにと指示したのである」と解釈し、慰安婦の募集業務が軍の指示と統制の

もとに行なわれたことが裏づけられる、とした。(3)

いっぽう、これに対立する小林よしのりは、この通牒をもって「内地で誘拐まがいの募集をする業者がいるから注意せよという〔よい〕『関与』を示すものだ」、「これは違法な徴募を止めさせるものだ」(4)、「『内地で軍の名前を騙って非常に無理な募集をしている者がおるから、これを取り締まれ』というふうに書いてあるわけです」(5)と、いわゆる「よい関与論」を唱え、同様の主張が藤岡信勝によってもなされた。

藤岡は「慰安婦を集めるときに日本人の業者のなかには誘拐まがいの方法で集めている者がいて、地元で警察沙汰になったりした例があるので、それは軍の威信を傷つける。そういうことが絶対にないよう、業者の選定も厳しくチェックし、そうした悪質な業者を選ばないようにと指示した通達文書だったのです。ですから、強制連行せよという命令文書ではなくて、強制連行を業者がすることを禁じた文書」(6)と、言う。また、秦郁彦もこれとよく似た解釈を下している。(7)

他方、小林よしのりを批判する上杉聡は、逆にこの文書をもって「強制連行」の事実があったことを示す史料だとし、そのような悪質な「業者の背後に軍部があることを『ことさら言うな』と公文書が記しているのであり、強制連行だけでなく、その責任者もここにハッキリ書かれている」(8)と反論した。いずれも、日本国内で悪質な募集業者による誘拐まがいの行為が現実に発生しており、さらにそういった業者による「強制連行」や「強制徴集」が行われうる、あるいは実際に行われていた可能性を示す文書だと解釈する点では共通している。

ちがいは、吉見および上杉の方は、軍による募集業者の選定と募集・徴集活動の統制が行われていたことを重視し、それゆえこれを「軍の関与」を示す決定的証拠としてとらえ、そこから軍には当然の義務として慰安婦に対して適切な保護を与え、虐待や不法行為を防止する監督責任が発生するのであり、それが守られなかった場合には、その責任を問われうると論じるのに対して、いわゆる自由主義史観派は慰安所に対する軍の関与を認めつつも、その関与とは業者による「強制連行」「強制徴集」など不法行為の取締であり、この通牒は軍がそのような取締を実際に行っていたことを示す証拠であって、この文書がある以上、たとえ数々の不法行為や虐待、性暴力事件が起きたとしても、それはそのような行為を起こした個々の業者や軍の下部機関、一般将兵が悪いのであって、軍および政府の責任を問うことはできないと、そう主張する点にある。

両者の差異は、根本的には、慰安所と軍および政府との関係をどう把握し、そこで女性に加えられた虐待行為に対する軍および政府の責任の有無をどう判断するのか、その立場の差異に由来する。言うまでもなく、吉見や上杉は、慰安所は国家が軍事上の必要から設置した軍の施設であり、そこでなされた組織的な慰安婦虐待行為の究極的な責任は軍および政府に帰属すると考える立場に立っている。

それに対して、自由主義史観派は慰安所に対する軍と政府の関係を否定するか、あるいは否定しないまでも、それはもっぱら業者や利用将兵の不法行為・性的虐待を取締まる「よい関与」であったと主張する。慰安所は戦地においてもっぱら兵士を対象に営業した民間の売春施設であり、公娼制度が存在していた戦前においてはとくに違法なものではなかったから、そこでなされた虐待行為に軍および政府が責任を問われる理由はない。もし仮に軍および政府が責任を問われうるとすれば、それは強制的に慰安婦を徴集・連行した場合のみだが、そのようなことを軍ないし政府が命令した事実はないというのが、彼らの慰安婦問題に対する基本的理解であり、そのような観点から、この副官通牒を解釈し、もっぱら「強制連行」の有無を争う文脈で論争の俎上にのせたのであった。そのことが上のような解釈の相異を生み出したのである。

なお、慰安所と軍の関係について自分自身の考えをあらかじめここではっきりさせておくと、私は、慰安所とは将兵の性欲を処理させるために軍が設置した兵站付属施設であったと理解している。その点では吉見と同じ考えに立っており、これを民間業者の経営する一般の公娼施設と同じであるとして、軍および政府の関与と責任を否定する自由主義史観派には与しない。もっぱら「強制連行」の有無をもって慰安所問題に対する軍および政府の責任を否定せんとする彼らの言説は、それ以外の形態であれば、軍と政府の関与は何ら問題にならないし、問題とすべきではないとの主張を暗黙のうちに含んでいるのであり、慰安所と軍および政府の関係を隠蔽し、慰安所の存在を正当化するものと言わざるをえないからである。

話を副官通牒に戻すと、一九九六年になって警察関係の公文書が発掘され、問題の副官通牒と密接に関連する一九三八年二月二十三日付の内務省警保局長通牒（内務省発警第五号）「支那渡航婦女ノ取扱ニ関スル件」（以下警保局長通牒と略す）の起案・決裁文書とそれに付随するいくつかの県警察部長からの内務省宛報告書が見つかった。

この警察資料を分析することにより、この二つの通牒が出されるにいたった経緯と背景をある程度まで明らかにすることができる。そこから見えてくる事情は、先ほどの解釈論争が想定していたのとはかなり異なるのである。たとえば、警察報告では、たしかに婦女誘拐容疑事件が一件報告されてはいるが、しかし、それ以外には「強制連行」「強制徴集」を思わせる事件の報告を見いだすことはできない。もちろん、発見された警察資料は、山形、宮城、群馬、茨城、和歌山、高知の各県警察部報告と神戸や大阪での慰安婦募集についての内偵報告にすぎないので、日本全国はもちろん朝鮮・台湾など募集が行われた全地域を網羅するものではない。よって、それらの地域で「強制連行」や「強制徴集」が行われた可能性を全面的に否定するものではない。

しかし、副官通牒で言及されている「募集ノ方法、誘拐ニ類シ警察当局ニ検挙取調ヲ受クルモノアル」という事件は、まちがいなく和歌山県警察部から一件報告されており、そのような事件が現に起こっていたことが、この警察報告により証明された。つまり、警察報告と副官通牒との間には強い関連性が存在する。

そこで、今後さらに新しい警察資料が発見され、それによって必要な変更を施す必要が生じるまでは、もっぱら以下に述べる作業仮説を採用し、その上で考察を進めることにする。すなわち内務省は主として現在知られている警察資料に含まれている諸報告をもとに、前記警保局長通牒を作成・発令し、さらにそれを受けて問題の副官通牒が陸軍省から出先軍司令部へ出されたのである、と。

この作業仮説を前提におくと、和歌山の婦女誘拐容疑事件一件を除き、警察は「強制連行」や「強制徴集」の事例を一件もつかんでいなかったと結論せざるをえない。そうすると、副官通牒から「強制連行」や「強制徴集」の事実があったと断定ないし推測する解釈は成り立たないことになる。また、これをもって「強制連行を業者がすることを禁じた文書」とする自由主義史観派の主張も誤りと言わざるをえない。なぜなら、存在しないものを取締ったりはできないからである。では、いったい副官通牒や警保局長通牒は何を取締まろうとしたのか、そもそもこれらの通達はいったい何を目的として出されたのか、それをあらためて問題とせざるをえない。

結論を先回りして言えば、問題の警保局長通牒は、軍の依頼を受けた業者による慰安婦の募集活動に疑念を発した地方警察に対して、慰安所開設は国家の方針であるとの内務省の意向を徹底し、警察の意思統一をはかることを目的に出されたものであり、慰安婦の募集と渡航を合法化すると同時に、軍と慰安所の関係を隠蔽化するべく、募集行為を規制するよう指示した文書にほかならぬ、というのが私の解釈である。さらに、副官通牒は、そのような警察の措置に応じるべく、内務省の規制方針にそうよう慰安婦の募集にあたる業者の選定に注意をはらい、地元警察・憲兵隊との連絡を密にとるように命じた、出先軍司令部向けの指示文書であり、そもそもが「強制連行を業者がすることを禁じた」取締文書などではないのである。

1、警察資料について

本稿で考察の材料とするのは、女性のためのアジア平和国民基金編『政府調査「従軍慰安婦」関係資料集成』第一巻（龍渓書舎、一九九七年、以下『資料集成』と略す）に収録されている内務省文書の一部である。

最初に、本稿で扱う警察資料の全タイトルを紹介する。このうち、一と八—二は外務省外交史料館所蔵の外務省記録に同じものが含まれており、前々からその存在がよく知られていた。

一　外務次官発警視総監・各地方長官他宛「不良分子ノ渡支ニ関スル件」(一九三八年八月三十一日付)

二　群馬県知事発内務大臣・陸軍大臣宛「上海派遣軍内陸軍慰安所ニ於ケル酌婦募集ニ関スル件」(一九三八年一月十九日付)

三　山形県知事発内務大臣・陸軍大臣宛「北支派遣軍慰安酌婦募集ニ関スル件」(一九三八年一月二十五日付)

四　高知県知事発内務大臣宛「支那渡航婦女募集取締ニ関スル件」(一九三八年一月二十五日付)

五　和歌山県知事発内務省警保局長宛「時局利用婦女誘拐被疑事件ニ関スル件」(一九三八年二月七日付)

六　茨城県知事発内務大臣・陸軍大臣宛「上海派遣軍内陸軍慰安所ニ於ケル酌婦募集ニ関スル件」(一九三八年二月十四日付)

七　宮城県知事発内務大臣宛「上海派遣軍内陸軍慰安所ニ於ケル酌婦募集ニ関スル件」(一九三八年二月十五日付)

八　―一　内務省警保局長通牒案「支那渡航婦女ノ取扱ニ関スル件」(一九三八年二月十八日付)

―二　内務省警保局長発各地方長官宛「支那渡航婦女ノ取扱ニ関スル件」(一九三八年二月二十三日付)

九　「醜業婦渡支ニ関スル経緯」(内務省の内偵メモ、日付不明)

二～七および九は、一九三七年の末に慰安所の開設を決定した中支那方面軍の要請に基づいて日本国内で行われた慰安婦の募集活動に関する一連の警察報告であり、八は軍の要請に応じるため中国への渡航制限を緩和し、募集活動の容認とその統制を指示した警保局長通牒の起案文書（八―一）および発令された通牒本体（八―二）である。

この一連の文書については、すでに、吉川春子[9]、八木絹[10]によってその内容の概略が紹介されており、さらに和田春樹[11]も詳しい紹介をおこなっている。なお、これらの資料は元内務省職員種村一男氏の寄贈にかかるもので、警察大学校に保存されていた。一九九二年と九三年の政府調査報告の際にはその所在がつかめなかったが、一九九六年十二月十九日に参議院議員吉川春子氏（共産党）の求めに応じて、警察庁がこの資料を提出したため、その存在が明るみに出ることになった。[12]現在は東京の国立公文書館に移管されており、その一部がアジア歴史資料センターで公開されている。

二、陸軍慰安所の創設

前記史料五の和歌山県知事発内務省警保局長宛「時局利用婦女誘拐被疑事件ニ関スル件」（一九三八年二月七日付）なる文書中に、長崎県外事警察課長から和歌山県刑事課長宛の一九三八年一月二十日付回答文書の写しが参考資料として添付されている。さらに、この長崎県からの回答文書中には、在上海日本総領事館警察署長（田島周平）より長崎県水上警察署長（角川茂）に宛てた依頼状（一九三七年十二月二十一日付）の写しも収録されている。

この上海総領事館警察署の依頼状は、陸軍慰安所の設置に在上海の軍と領事館が深く関与したことを示す公文書にほかならない。以下に引用するのはその全文である。

皇軍将兵慰安婦女渡来ニツキ便宜供与方依頼ノ件

本件ニ関シ前線各地ニ於ケル皇軍ノ進展ニ伴ヒ、之カ将兵ノ慰安方ニ付関係諸機関ニ於テ考究中処、頃日来当館陸軍武官室憲兵隊合議ノ結果、施設ノ一端トシテ前線各地ニ軍慰安所（事実上ノ貸座敷）ヲ左記要領ニ依リ設置スルコトトナレリ。

以上

記

領事館

（イ）営業願出者ニ対スル許否ノ決定

（ロ）慰安婦女ノ身許及斯業ニ対スル一般契約手続

（ハ）渡航上ニ関スル便宜供与

（ニ）営業主並婦女ノ身元其他ニ関シ関係諸官署間ノ照会並回答

（ホ）着滬ト同時ニ当地ニ滞在セシメサルヲ原則トシテ許否決定ノ上、直チニ憲兵隊ニ引継クモノトス

憲兵隊
（イ）領事館ヨリ引継ヲ受ケタル営業主並婦女ノ就業地輸送手続
（ロ）営業者並稼業婦女ニ対スル保護取締

武官室
（イ）就業場所及家屋等ノ準備
（ロ）一般保険並検黴ニ関スル件

右要領ニヨリ施設ヲ急キ居ル処、既ニ稼業婦女〔酌婦〕募集ノ為本邦内地並ニ朝鮮方面ニ旅行中ノモノアリ。今後モ同様要務ニテ旅行スルモノアル筈ナルカ、之等ノモノニ対シテハ当館発給ノ身分証明書中ニ事由ヲ記入シ本人ニ携帯セシメ居ルニ付、乗船其他ニ付便宜供与方御取計相成度。尚着滬後直ニ就業地ニ赴ク関係上、募集者抱主又ハ其ノ代理者等ニハ夫々斯業ニ必要ナル書類〔左記雛形〕ヲ交付シ、予メ書類ノ完備方指示シ置キタルモ、整備ヲ缺クモノ多カルヘキヲ予想サルルト共ニ着滬後煩雑ナル手続ヲ繰返スコトナキ様致度ニ付、一応携帯書類御査閲ノ上御援助相煩度此段御依頼ス

〔中略〕

昭和十二年十二月二十一日

在上海日本総領事館警察署(13)

冒頭に、「之カ将兵ノ慰安方ニ付関係諸機関ニ於テ考究中ノ処、頃日来当館陸軍武官室憲兵隊合議ノ結果、施設ノ一端トシテ前線各地ニ軍慰安所（事実上ノ貸座敷）ヲ左記要領ニ依リ設置スルコトトナレリ」とあるように、この文書から、一九三七年の十二月中旬に上海の総領事館（総領事は岡本季正）と陸軍武官室と憲兵隊の三者間で協議が行われ、その結果、前線に陸軍慰安所を設置することが決定されたこと、さらにその運用に関して三者間に任務分担の協定が結ばれたことが判明する。

ここで言及されている陸軍武官室とは正式には在中華民国大使館付陸軍武官とそのスタッフを意味する。その長は原田熊吉少将であり一九三八年二月には中支特務部と改称された。軍事面での渉外事項や特殊な政治工作を担当する陸軍の出先機関であり、上海戦がはじまってからは、上海派遣軍や中支那方面軍の隷下にある陸軍特務機関として第三国の出先機関や軍部との交渉、親日派中国人に対する政治工作、さらに上海で活動する日本の政府機関や民間団体との交渉・調整窓口の役割を果たした。

軍慰安所の設置が軍の指示、命令によるものであったことは、今までの慰安所研究により明らかにされており、今では史実として広く受け入れられている。その意味では、定説の再確認にとどまるのだが、この在上海総領事館警察署の依頼状は、慰安所の設置を命じた軍の指令文書そのものではないとしても、政府機関と軍すなわち在上海陸軍武官室、総領事館、憲兵隊によって慰安所の設置とその運営法が決定されたことを直接的に示す公文書として他に先例がなく、その点で重要な意義を有する。

もっともこの文書の記述にもかかわらず、陸軍慰安所開設の決定は、陸軍武官室や憲兵隊、領事館の権限だけでできるものではない。軍組織のありかたからすれば、陸軍武官室と憲兵隊の双方に対して指揮権を有するより上級の単位、この場合は中支那方面軍司令部において、まず設置の決定がなされ、それを受けてこの三者間で慰安所運用のための細目が協議・決定されたのだと解すべきであろう。

吉見および藤井忠俊の研究によれば(14)、上海・南京方面での陸軍慰安所の設置に関する既存史料には次のようなものがある。(これ以外にも、慰安所を利用した兵士の日記・回想があるが略す)。

一　飯沼守上海派遣軍参謀長の日記(15)
・一九三七年十二月十一日の項「慰安施設の件方面軍より書類来り、実施を取計ふ」
・一九三七年十二月十九日の項「迅速に女郎屋を設ける件に就き長中佐に依頼す」

二　上村利通上海派遣軍参謀副長の日記(16)
・一九三七年十二月二十八日の項に「南京慰安所の開設に就て第二課案を審議す」

三　山崎正男第十軍参謀の日記(17)
・一九三七年十二月十八日の項に「先行せる寺田中佐は憲兵を指導して湖州に娯楽機関を設置す」

四　在上海総領事館警察の報告書(18)
・一九三七年十二月末の職業統計に「陸軍慰安所」の項目。

五　常州駐屯の独立攻城重砲兵第二大隊長の状況報告(19)
・一九三八年一月二十日付「慰安施設は兵站の経営するもの及び軍直部隊の経営するもの二

カ所あり」

六　元陸軍軍医麻生徹男の手記によれば、一九三八年の二月には上海郊外の楊家宅に兵站司令部の管轄する軍経営の陸軍慰安所が開設されていた。[20] また、一九三八年一月に軍の命令を受け、奥地へ進出する女性（朝鮮人八〇名、日本人二〇名余り）の梅毒検査を上海で実施した。[21]

今回さらに、

七　在上海総領事館警察署発長崎県水上警察署宛「皇軍将兵慰安婦女渡来ニツキ便宜供与方依頼ノ件」（一九三七年十二月二十一日付）

が新たに加わったわけである。

これらを総合すれば、一九三七年の遅くとも十二月中旬には華中の日本陸軍を統括する中支那方面軍司令部レベルで陸軍慰安所の設置が決定され、その指揮下にある各軍（上海派遣軍と第十軍）に慰安所開設の指示が出されたと考えて、まずまちがいない。

それを受けて各軍で慰安所の開設準備が進められるとともに、関係諸機関が協議して任務分担を定め、総領事館は慰安所の営業主（陸軍の委託により慰安所の経営を行う業者）および慰安所で働く女性（慰安所従業婦すなわち慰安婦）の身許確認と営業許可、渡航上の便宜取り計らい、また業務を円滑に行うため内地・植民地の関係諸機関との交渉にあたり、憲兵隊は営業主と従業女性の前線慰安所までの輸送手配と保護取締、さらに特務機関が慰安所用施設の確保・提供と慰安所の衛生検査および従業女性の性病検査の手配をすることが定められたのであった。

さらにこの依頼状から読みとれるのは、慰安所で働く女性の調達のために、軍と総領事館の指示を受けた業者が日本および朝鮮へ募集に出かけたこと、および彼らの募集活動と集められた女性の渡航に便宜をはかるように、内地の（おそらく朝鮮も同様と思われる）警察に向けて依頼がなされた事実である。

この募集活動によって、実際に日本内地および朝鮮から女性が多数上海に連れられてきたことは、六の麻生軍医の回想によって裏づけられる。なお、麻生軍医に女性一〇〇名の性病検査を命じたのは「軍特務部」であり、その命令は一九三八年一月一日付であった[22]。この記述は、上記依頼状にみられる軍・憲兵隊・領事館の任務分担協定が現実に機能していたことの傍証となろう。

ところで、依頼状に記された任務分担協定は、陸軍慰安所に対する風俗警察権が領事館警察ではなくて、軍事警察＝憲兵隊に属していたことを示している。協定の定めるところによれば、領事館警察は中国に渡ってきた慰安所営業主と女性のたんなる受け入れ窓口にすぎず、手続きが終われば、その身柄は軍に引き渡され、その取締権も領事館警察から憲兵隊に移される。移管とともに彼らは領事館警察の風俗警察権の圏外に置かれるのであり、管轄警察権の所在において陸軍慰安所は通常一般の公娼施設とは性格を異にする。これは慰安所が軍の兵站付属施設であることを意味するのだが、陸軍慰安所を一般の公娼施設と同様とみなす議論は、この点を無視ないし軽視していると言わざるをえない。

通常一般の公娼施設は、それを利用する軍人・軍属の取締のために憲兵が立入ることはあっても、業者や娼妓に対する風俗警察権は内務省警察・植民地警察・外務省警察などの文民警察に属し、軍事警察すなわち憲兵の関知するところではない。ところが、陸軍慰安所の従業員は軍籍を有さぬ民間人でありながら、その場所で働いている限りは憲兵の管轄とされるのである。これは慰安所が酒保などと同様、前線近くに置かれた軍の兵站付属施設であり、軍人・軍属専用の性欲処理施設だったことに由来する。(23) なお、この点については、補論で詳しく論じたい。

さて、依頼状に「之等ノモノニ対シテハ当館発給ノ身分証明書中ニ事由ヲ記入シ本人ニ携帯セシメ居ル」とあるように、軍と総領事館から依頼された業者は在上海総領事館の発行する身分証明書を所持して、日本内地及び朝鮮に渡り、慰安所で働く女性の募集活動に従事したのであった（「稼業婦女（酌婦）募集ノ為本邦内地並ニ朝鮮方面ニ旅行中ノモノアリ。今後モ同様要務ニテ旅行スルモノアル筈ナル」）。彼らがどのような方法で募集活動を行ったかは、史料二〜七の警察報告に実例が出てくるので、次節で検討するが、日本内地または植民地において女性を集めた業者は、彼女等を連れて上海に戻ってこなければならない。あるいは上海まで女性を送らなければならない。しかし、日中戦争がはじまるや、日本国内から中国への渡航は厳しく制限され、原則として日本内地または植民地の警察署が発給する身分証明書を所持しなければ、乗船・出国ができなくなっていた。

しかも、一九三七年八月三十一日付の外務次官通達「不良分子ノ渡支取締方ニ関スル件」（史料一）は各地の警察に対して、「混乱ニ紛レテ一儲セントスル」不良分子の中国渡航を「厳ニ取締ル」ため、「素性、経歴、平素ノ言動不良ニシテ渡支後不正行為ヲ為スノ虞アル者」には身分証明書の発行を禁止するよう指示しており、さらに「業務上又ハ家庭上其ノ他正当ナル目的ノ為至急渡支ヲ必要トスル者ノ外ハ、此際可成自発的ニ渡支ヲ差控ヘシムル」よう指導せよと、命じていた(24)。

まともに申請すれば、「醜業」と蔑視されている売春業者や娼婦・酌婦に対して身分証明書の発給が許されるはずがない。だからこそ、上海の領事館警察から長崎県水上警察署に対して、陸軍慰安所の設置はたしかに軍と総領事館の協議・決定に基づくものであり、決して一儲けを企む民間業者の恣意的事業ではないことを通知し、業者と従業女性の中国渡航にしかるべき便宜をはかってほしいとの要請(「乗船其他ニ付便宜供与方御取計相成度」)がなされたのである。よって、この依頼状の性格は、軍の方針を伝えるとともに、前記外務次官通達の定める渡航制限に緩和措置を求めたものと位置づけるのが至当である。

三、日本国内における慰安婦募集活動

1、和歌山の誘拐容疑事件

ここでは軍と総領事館の依頼を受けて、日本国内に赴いた募集業者がどのような活動をおこなったのかを警察の報告をもとに紹介する。最初にあげるのは、和歌山県で起こった婦女誘拐容疑事件である。内務省警保局長宛報告(前掲史料五の一九三八年二月七日付「時局利用婦女誘拐被疑事件ニ関スル件」)によれば、事件の概要は以下のとおりであった。

一九三八年一月六日和歌山県田辺警察署は、管下の飲食店街を徘徊する挙動不審の男性三名に、婦女誘拐の容疑ありとして任意同行を求めた。三人のうち二人は大阪市の貸席業者で、もう一人は地元

海南の紹介業者であった。

彼らは、自分たちは「疑ハシキモノニ非ス、軍部ノ命令ニテ上海皇軍慰安所ニ送ル酌婦募集ニ来タリタルモノニシテ、三千名ノ要求ニ対シ、七十名ハ昭和十三年一月三日陸軍御用船ニテ長崎港ヨリ憲兵護衛ノ上送致済ミナリ」ととなえ、とある料理店の酌婦に上海行きを勧めた。三人が「無智ナル婦女子ニ対シ金儲ケ良キ点、軍隊ノミヲ相手ニ慰問シ、食料ハ軍ヨリ支給スル等」と、常識では考えられないことを言い立てて勧誘しているとの情報をつかんだ田辺警察署は、婦女誘拐の疑い濃厚であると判断し、三人の身柄を拘束した(25)。

取調に対して、大阪の貸席業主金澤は、次のように供述した。

一九三七年秋、大阪市の会社重役小西、貸席業藤村、神戸市の貸席業中野の三人が、陸軍御用商人で氏名不詳の人物とともに上京、徳久少佐なる人物の仲介で荒木貞夫陸軍大将と右翼の大物頭山満に会い、年内に内地から上海に三〇〇〇人の娼婦を送ることに決まったとの話を、二人の貸席業主（金澤と佐賀）が藤村から聞き込んだ。そこで、渡航娼婦を募集するために和歌山に来訪し、地元紹介業者の協力を得て、募集活動にあたっているところである。すでに藤村と小西は女性七〇名を上海に送り、その際大阪九条警察署と長崎県警察外事課から便宜供与を受けた、と。

また、同じ供述によると、慰安所酌婦の契約条件は「上海ニ於テハ情交金将校五円、下士二円ニテ、二年後軍引揚ト共ニ引揚クルモノニシテ前借金ハ八百円迄ヲ出」すというもので、すでに前借金四七〇円、三六二円を支払って二人の女性（二十六歳と二十八歳）と上海行きを決めたという。

不審に思った田辺警察署はことの真偽を確かめるために、長崎県警察外事課と大阪九条警察署に照会を行った。長崎からは、照会のあった酌婦渡航の件は、上海総領事館警察の依頼によるもので、長崎県警としては、総領事館指定の必要書類を所持し、合法的雇用契約と認められるものについては、すべて上海行きを許可しているとの回答が寄せられた[26]。この時点では、一九三七年八月の外務次官通達がまだ有効だったから、軍及び総領事館から前もっての依頼がなければ、長崎県水上警察署が女性の渡航を許可したかどうかは大いに疑問である。逆に言えば、この第一回の渡航を認めた時点で、長崎県警察は慰安所要員の渡航は「業務上正当ナル目的」を有するものと認定したことになる。もちろんその根拠は、慰安所が軍の決定によるものであり、総領事館から慰安婦の募集と渡航につき便宜を図って欲しいとの要請が前もってなされていたことによる。

また、大阪九条署からは、内務本省からも渡航を認めるよう、内々の指示があったことを思わせる回答が田辺署に与えられた。その概略は以下のようなものであった。

上海派遣軍慰安所の従業酌婦の募集については、内務省より非公式に大阪府警察部長（荒木義夫）へ依頼があったので、大阪府としても相当の便宜をはかり、既に一月三日に第一回分を渡航させた。田辺署で取調中の貸席業者はいずれも九条署管内の居住者で、身元不正な者ではない。そのことは九条警察署長（山崎石雄）が証明するので、しかるべき取計らいをお願いする、と[27]。

この九条警察署の回答書から、一月三日に長崎から上海に七〇名の女性が送られたとの金澤の供述が根も葉もない嘘ではないことがわかる。その一部は大阪で集められたようであり、警察は内務省の非公式な指導のもとに、慰安婦の渡航に便宜をはかったのであった。

金澤の供述を裏づけるとともに、便宜供与を示唆した内務本省からの非公式のコンタクトがあったとする九条警察署長の言が嘘でないことを示すのが、史料九「醜業婦渡支ニ関スル経緯」と題された手書きメモである。重要なので、以下に全文を引用する（■は公刊に際して抹消された箇所を示す。□は抹消もれと思われるので、永井の判断で削除した）。

一、十二月二十六日内務省警務課長ヨリ兵庫県警察部長宛『上海徳久[redacted]、神戸市中野[redacted]ノ両名ハ上海総領事館警察署長ノ証明書及山下内務大臣秘書官ノ紹介名刺ヲ持参シ出頭スル筈ニ付、事情聴取ノ上何分ノ便宜ヲ御取計相成度』トノ電報アリ。

一、同月二十七日右両名出頭セルガ、内務大臣秘書官ノ名刺ヲ提出シ、徳久ハ自身ノ名刺ヲ提出セズ且身分ヲモ明ニセズ。中野ハ神戸市福原町四五八中野□□ナル名刺ヲ出シタルガ、同人ノ職業ハ貸座敷業ナリ。

一、同両人ノ申立ニ依レバ、大阪旅団勤務ノ沖中佐ト永田大尉トガ引率シ行クト称シ、最少限五百名ノ醜業婦ヲ募集セントスルモノナルガ、周旋業ノ許可ナク且年末年始ノ休暇中ナルガ枉ゲテ渡支ノ手続ヲセラレ度キ旨ノ申述アリ。

一、兵庫県ニ於テハ一般渡支者ト同様、身分証明書ヲ所轄警察署ヨリ発給スルコト、セリ。

一、神戸ヨリ乗船渡支シタルモノナキモ、陸路長崎ニ赴キタルモノ二百名アル見込ミ

一、一月八日神戸発臨時船丹後丸ニテ渡支スル四、五十名中ニ湊川警察署ニ於テ身分証明書ヲ発給シタルモノ二十名アリ。

一、周旋業ノ営業許可ナキ点ハ兵庫県ニ於テハ黙認ノ状態ニアリ。(28)

整理してみると、一九三七年十二月二十六日に内務省の警務課長（数藤鉄臣）から兵庫県警察部長（纐纈弥三）宛に上海の徳久と、神戸市の中野が協力要請に赴くので、何分の便宜をよろしくとの電報が届き、翌二十七日には徳久、中野の両名が山下内務大臣秘書官の名刺を携えた上で、軍に協力して目下最小限五〇〇名の慰安婦を募集中であり、周旋業の免許のない点には目をつぶって、渡航許可を与えて欲しいと頼み込んだのであった。

兵庫県警察は違法行為には目をつぶり、二人の要請を容れて、集められた女性に身分証明書を発給した。長崎、大阪につづいて兵庫県警察も募集業者に協力し、慰安婦の調達に支援を与えたのである。それだけではない。非公式にではあるが、内務省の高官（秘書官や警務課長）も彼らに便宜をはかったのである。和歌山田辺の事件では大阪九条警察署長が「内務省ヨリ非公式ナガラ當府警察部長へノ依頼」があったと回答したが、おそらく、この内務省メモのような働きかけが、大阪府警察部長に対してもなされたのであろう。

すでに見たように、徳久と中野の二人は田辺の事件にも名前が出てくる。上海総領事館警察署長の証明書を所持する彼らは、上海で軍・総領事館から直接依頼を受けた業者とみてまずまちがいない。徳久と中野の実在が別の資料で裏づけられた以上、藤村経由で中野の話を聞いたと思われる金澤の供述も、細かい点は別として、おおむね信用できると考えてまちがいないだろう。

以上をまとめると、次のようになる。上海で陸軍が慰安所の設置を計画し、総領事館とも協議の上、そこで働く女性の調達のため業者を日本内地、朝鮮に派遣した。その中の一人身許不詳の人物徳久と神戸の貸席業者中野は、上海総領事館警察署発行の身分証明書を持参して日本に戻り、知り合いの売春業者や周旋業者に、軍は三〇〇〇人の娼婦を集める計画であると伝え、手配を依頼した。さらに警察に慰安婦の募集および渡航に便宜供与をはかってくれるよう申し入れ、その際なんらかの手ずるを使って内務省高官の諒解を得るのに成功し、内務省から大阪、兵庫の両警察に対して彼らの活動に便宜を供与すべしとの内々の指示を出させたのであった。

大阪府、兵庫県両警察部は、売春させることを目的とした募集活動および渡航申請であることを知りつつ、しかも営業許可をもたない業者による周旋・仲介行為である点には目をつぶり、集められた女性の渡航を許可した。この時上海に送られた女性の人数は正確にはわからないが、関西方面では最低五〇〇人を集める計画であり、一九三八年一月初めの時点で大阪から七〇人、神戸からは二二〇人ほどが送られたと推測できる。

最後に、長崎県及び大阪九条署からの回答を受けた田辺警察署がどのような処置をとったのかを述べておこう。同署は、「皇軍慰安所」の話の真偽はいまなお不明であるが、容疑者の身元も判明し、九条警察署が「酌婦公募証明」を出したので、容疑者の逃走、証拠隠滅のおそれはないと認めて、一月十日に三人の身柄を釈放したのであった。(29)

自由主義史観派の主張するごとく、慰安所なるものが軍とは直接関係のない、民間業者の経営する通常の売春施設だったのであれば、自分たちは「軍部ノ命令ニテ上海皇軍慰安所ニ送ル酌婦募集ニ来タリタルモノ」とのふれこみで、「無智ナル婦女子ニ対シ金儲ケ良キ点、軍隊ノミヲ相手ニ慰問シ、食料ハ軍ヨリ支給スル等」と勧誘した金澤らの行為は、軍の名前を騙り、ありもしない「皇軍慰安所」をでっち上げて、女性を騙し、中国へ送り出そうとした、あるいは実際に送り出したものであって、婦女誘拐に該当する。金澤らは釈放されることなく、婦女誘拐ないし国外移送拐取で逮捕・送検されたにちがいないし、警察は当然そうすべきであったろう。

ところが、「皇軍慰安所」がまぎれもない事実、すなわち陸軍慰安所が軍の設置した兵站付属施設であったらどうなるか。国外で売春に従事させる目的で女性を売買し（前借金で拘束し）、外国（＝上海）に移送するという、行為の本質においてはいささかの変わりもないにかかわらず、ありもしない軍との関係をかたって、女性を騙したわけではないので、この場合には誘拐と認定されず、逆に「酌婦公募」として警察から公認される行為に逆転するのである。和歌山県警は、金澤らの女衒行為が、もとをたどればたしかに軍と総領事館の要請につらなり、また内務省も内々に慰安婦の募集に協力していることが判明した時点で、犯罪容疑として取り扱うのを放棄した。すなわち、陸軍慰安所が軍の設置した公認の性欲処理施設であり、通常の民間売春施設とは異なるものであることが確認された時点で、警察は慰安婦の募集と渡航を合法的なものと認定したのである。国家と軍の関与により、それがなければ犯罪行為となるべきものが犯罪行為ではなくなったのであった。

2、北関東・南東北での募集活動

次に、和歌山田辺の事件とは異なり、誘拐容疑で警察に検挙されることはなかったが、群馬、茨城、山形で積極的な募集活動を展開し、そのため警察から「皇軍ノ威信ヲ失墜スルコト甚タシキモノアリ」[30]と目された神戸市の貸座敷業者大内の活動を紹介する。前記副官通牒にも出てくる「故サラニ軍部諒解等ノ名儀ヲ利用シ、為ニ軍ノ威信ヲ傷ツケ且ツ一般民ノ誤解ヲ招ク虞アルモノ」とおぼしき実例は、以下のようなものだったのである。

群馬県警が得た情報によると、大内は一九三八年一月五日前橋市内の周旋業者に次のような話をもちかけ、慰安所で働く酌婦の募集を依頼した（前掲史料二「上海派遣軍内陸軍慰安所ニ於ケル酌婦募集ニ関スル件」（一九三八年一月十九日付）。

一　出征すでに数カ月に及び、戦闘も一段落ついて駐屯の体制となった。そのため将兵が中国人売春婦と遊ぶことが多くなり、性病が蔓延しつつある。

二　「軍医務局デハ戦争ヨリ寧ロ此ノ花柳病ノ方ガ恐シイト云フ様ナ情況デ、其処ニ此ノ施設問題ガ起ツタ」。

三　「在上海特務機関ガ吾々業者ニ依頼スル処トナリ同僚」の目下上海で貸座敷業を営む神戸市の中野を通して「約三千名ノ酌婦ヲ募集シテ送ルコトトナツタ」。

四　「既ニ本問題ハ昨年十二月中旬ヨリ実行ニ移リ、目下二、三百名ハ稼業中デアリ、兵庫県ヤ関西方面デハ県当局モ諒解シテ応援シテイル」。

五　「営業ハ吾々業者ガ出張シテヤルノデ軍ガ直接ヤルノデハナイガ、最初ニ別紙壱花券〔兵上用二円将校用五円〕ヲ軍隊ニ営業者側カラ納メテ置キ、之ヲ使用シタ場合吾々業者ニ各将兵ガ渡スコト、シ、之レヲ取纏テ軍経理部カラ其ノ使用料金ヲ受取ル仕組トナツテイテ、直接将兵ヨリ現金ヲ取ルノデハナイ。軍ハ軍トシテ慰安費様ノモノカラ其ノ費用支出スルモノラシイ」。

六　「本月二六日ニハ第二回ノ酌婦ヲ軍用船デ（神戸発）送ル心算デ目下募集中デアル[31]」

また前掲史料三「北支派遣軍慰安酌婦募集ニ関スル件」（一九三八年一月二十五日付）によれば、

七　大内は、山形県最上郡新庄町の芸娼妓酌婦紹介業者のもとに現れ、「今般北支派遣軍（上海派遣軍のまちがいであろう——永井）ニ於テ将兵慰問ノ為、全国ヨリ二千五百名ノ酌婦ヲ募集スルコト、ナリタル趣ヲ以テ五百名ノ募集方依頼越下リ、該酌婦ハ年齢十六才ヨリ三十才迄前借ハ五百円ヨリ千円迄稼業年限二ヶ年之ガ紹介手数料ハ前借金ノ一割ヲ軍部ニ於テ支給スルモノナリ」と述べ、勧誘した[32]。

さらに、前掲史料六「上海派遣軍内陸軍慰安所ニ於ケル酌婦募集ニ関スル件」（一九三八年二月十四日付）からは、

八　大内は茨城県出身であり、一九三八年一月四日頃遠縁にあたる茨城県在住の人物に上海派遣軍酌婦募集のことを話して協力を求め、その人物を通じて県下の周旋業者に斡旋を依頼した。

九　その業者の仲介で、大内は水戸市の料理店で稼業中の酌婦二名（二十四歳と二十五歳）とそれぞれ前借金六四二円、六九一円にて契約を結び、上海に送るため一月十九日神戸に向けて出発した。

ことがわかる[33]。

上記一から六のうち、次の諸点については、他の史料とも符合し、大内の語ったことはおおむね事

実に即していたと解される。

まず、三の「在上海特務機関」とは、最初に紹介した上海総領事館警察署長の依頼状にある「陸軍武官室」にほかならぬ。また、大内に「在上海特務機関」の慰安婦募集の件を伝えたとされる神戸の中野は、和歌山の婦女誘拐容疑事件や前記内務省メモに出てくる中野と同一人物であると考えてまちがいない。また、「酌婦三千人募集計画」の話は田辺事件の被疑者の供述にも出てくる（ただし、山形県警の報告では「二千五百人計画」に縮小している）。

これらのことから、軍の依頼を受けた中野が知り合いの売春業者や周旋人に軍の「酌婦三千人募集計画」を打ち明け、協力を仰いだとの大内の言には十分信がおける。また、四の「既ニ本問題ハ昨年十二月中旬ヨリ実行ニ移リ」や「兵庫県ヤ関西方面デハ県当局モ諒解シテ応援シテイル」との話も、既に紹介した諸史料に照らし合わせて、間違いのない事実とみなせよう。逆に大内の言葉から、なぜ神戸の中野が上海の特務機関と総領事館から依頼されたのか、その疑問が氷解する。中野は神戸で貸席業を営むほか、上海にも進出していたのである。

警察報告にあらわれた大内の言動のうち、少なくとも三、四は事実に即しており、誇張や虚偽は、かりに含まれていても、わずかだと思われる。ならば、彼が語ったとされる慰安所の経営方針（上記五）も、根も葉もない作り話として一笑に付するわけにはいかない。少なくとも、大内は中野からそれを軍の方針として聞かされたことは、まずまちがいない事実であろう。

大内が勧誘にあたって提示した一件書類（趣意書、契約書、承諾書、借用証書、契約条件、慰安所で使用される花券の見本）のうち、「陸軍慰安所ニ於テ酌婦稼業（娼妓同様）ヲ為スコトヲ承諾」する旨を記し、慰安所で働く女性とその戸主または親権者が署名・捺印する「承諾書」の様式が、上海総領事館の定めた「承諾書」のそれとまったく同一であること、[34]派遣軍慰安所と記された「花券」（額面五円と二円の二種類——田辺事件の金澤は「上海ニ於テハ情交金将校五円、下士二円」と供述していた——）を所持していたことが、それを裏づける決め手となろう。

五で述べられているのが慰安所の経営方針だとすると、慰安所は軍が各兵站に設置する将兵向けの性欲処理施設ではあるが、日常的な経営・運営は業者に委託されることになっていた。しかし、利用料金の支払いは、個々の利用者が直接現金で行うのではなくて、軍の経費（＝慰安費）からまかなわれる仕組みだったことになる。これがほんとうならば、軍の当初の計画では、将兵に無料で買春券を交付する予定だったことになる。このシステムでは、慰安婦の性を買うのは、個々の将兵ではなくて、軍＝国家そのものである。もちろん、軍＝国家の体面を考慮してのことであろうが、実際の慰安所ではこのような支払い方法は採用されなかった。だから、これをもって軍の当初の計画だったとただちに断定するのは控えねばならないだろうが、しかし、かえってこの計画にこそ、慰安所なるものの本質がよくあらわれていると言うべきであろう。

最後に、大内が勧誘にあたって周旋業者や応募した女性に提示した契約条件を紹介しておこう。

条　件

一、前借金　五百円ヨリ千円迄

但シ、前借金ノ内二割ヲ控除シ、身付金及乗込費ニ充当ス

一、年齢　満十六才ヨリ三十才迄
一、身体壮健ニシテ親権者ノ承諾ヲ要ス。但シ養女籍ニ在ル者ハ実家ノ承諾ナキモ差支ナシ
一、前借金返済方法ハ年限完了ト同時ニ消滅ス
即チ年期中仮令病気休養スルトモ年期満了ト同時前借金ハ完済ス
一、利息ハ年期中ナシ。途中廃棄ノ場合ハ残金ニ対シ月壱歩
一、違約金ハ一ヶ年内前借金ノ一割
一、年期途中廃棄ノ場合ハ日割計算トス
一、年期満了帰国ノ際ハ、帰還旅費ハ抱主負担トス
一、精算ハ稼高ノ一割ヲ本人所得トシ毎月支給ス
一、年期無事満了ノ場合ハ本人稼高ニ応ジ、応分ノ慰労金ヲ支給ス
一、衣類、寝具食料入浴料医薬費ハ抱主負担トス(35)

このような条件でなされる娼妓稼業契約は「身売り」とよばれ、これが人身売買として認定されておれば、大内の行為は「帝国外ニ移送スル目的ヲ以テ人ヲ売買」するものにほかならず、刑法第二二六条の国外移送目的人身売買罪に該当する。しかし、当時の法解釈では、このような条件での娼妓契約は「公序良俗」に違反する民法上無効な契約とはされても、少なくとも日本帝国内にとどまるかぎりは、刑法上の犯罪を構成するものとはみなされなかった。

この契約を結べば、前借金（借金額は五〇〇円から一〇〇〇円だが、そのうち二割は周旋業者や抱主が差し

引くので、実際の手取りは四〇〇円から八〇〇円までである）を受け取る代わりに、向こう二年間陸軍慰安所で売春に従事しなければならない。衣類、寝具、食料、医薬費は抱主の負担とされているが、所得は毎月稼高の一割だから、かりに毎日兵士五人の相手をしたとして（日本国内の娼婦稼業の平均人数）、実働二十五日としても、月二五円にしかならぬ。五〇円を稼ごうとすれば、毎日十人の兵士を相手にしないといけない。しかも契約書では、所得の半分は強制的に貯金することになっている。[36]いっぽう抱主は一人の慰安婦の稼ぎから平均月二二五円の収入を得ることができ（一日五人の兵士を相手にするとして）、二年間では総額五四〇〇円にのぼるのである。

問題なのは年齢条項である。十六才から三十才という条件は、「十八歳未満は娼妓たることを得ず」と定めた娼妓取締規則に完全に違反し、満十七才未満の娼妓稼業を禁じた朝鮮や台湾の「貸座敷娼妓取締規則」にも抵触する。さらに、満二十一才未満の女性に売春をさせることを禁じた「婦人及児童の売買禁止に関する国際条約」（一九二五年批准）ともまったく相容れない。大内の活動は明らかに違法な募集活動と言わざるをえない。その点は警察もよく認識していたと見え、群馬県警が入手し、内務省に送付した上記契約条件の年齢条項には、警察側がつけたと思われる傍線が付されている。この契約条件が、上海での軍・総領事館協議において承認されたものなのかどうか、そこが議論のポイントの一つとなろう。私見では、この契約条件がまったく大内の独断で作成されたとはとても思えない。何らかの形で軍ないし総領事館との間で契約条件について協議がなされていたと思われる。たとえそれが契約条件は業者に任せるとの諒解だったとしても、である。

しかし誤解を恐れずに言うと、この年齢条件をのぞけば、趣意書の文面といい、契約条件の内容といい、公娼制度の現実を前提にさらに陸軍慰安所が実在し、軍と総領事館がこれを公認しているとの条件のもとでは、就業地が国外である点を除くとこの大内の活動は当時の感覚からはとりたてて「違法」あるいは「非道」とは言い難い。まして、これを「強制連行」や「強制徴集」とみなすのはかなりの無理がある。警察は要注意人物として大内に監視の目を光らせ、彼の勧誘を受けた周旋業者に説諭して、慰安婦の募集を断念させたが（山形県の例）、しかし和歌山のように婦女誘拐容疑で検挙することはしなかった。

ただし、念のために言っておくが、自由主義史観派の言うように、慰安所が軍と関係のない民間業者の売春施設であるならば、田辺事件の例と同様、この大内の募集活動も、軍の名を騙って、女性に売春を勧誘するものであるから、婦女誘拐ないし国外移送拐取の容疑濃厚であり、警察としては放置すべきではなかったことになる。

警察報告にあらわれた募集業者の活動は、これ以外にあと二件あり、ひとつは、史料四の高知県知事の報告に、「最近支那渡航婦女募集者簇出ノ傾向アリ。之等ハ主トシテ渡支後醜業ニ従事セシムルヲ目的トスルモノニシテ、一面軍ト連絡ノ下ニ募集スルモノ、如キ言辞ヲ弄スル等不都合ノモノ有之」[37]とあるにとどまり、具体的な事実まではわからない。

他の一件は、宮城県名取郡在住の周旋業者宛に、福島県平市の同業者から「上海派遣軍内陸軍慰安所ニ於ル酌婦トシテ年齢二十歳以上三十五歳迄ノ女子ヲ前借金六百円ニテ約三十名位ノ周旋方」を依頼する葉書が届いたというもので、警察は周旋業者の意向を内偵し、本人に周旋の意志のないのを確認させている[38]。こちらでは、年齢条件が大内の条件とは異なる。警察が説諭して募集をやめさせたのは、上に述べたことから当然の措置といえよう。また、史料一の外務次官通牒に定める渡航制限の趣旨からしても、そうあるべきである。前述の山形県警察がとった措置ともあわせて考えると、当時の警察の方針は、外務次官通牒に準拠しつつ、売春に従事する目的で女性が中国に渡航するのを原則として禁止していたのだと考えてよい。

以上が、警察報告に現れた業者の募集活動のすべてである。さて、話を例の副官通牒に戻そう。警察資料を見る限り、通牒にあげられた三つの好ましくない事例のうち、「故サラニ軍部諒解等ノ名儀ヲ利用シ為ニ軍ノ威信ヲ傷ツケ且ツ一般民ノ誤解ヲ招ク虞アルモノ」は大内の活動およびこれに類似のものをさし、「募集ノ方法、誘拐ニ類シ警察当局ニ検挙取調ヲ受クルモノアル」が、田辺の婦女誘拐容疑事件を念頭においていることは、まずまちがいない。残る「従軍記者、慰問者等ヲ介シテ不統制ニ募集シ社会問題ヲ惹起スル虞アルモノ」は、これに該当する事例は警察報告に見あたらぬ。このことは、未発掘の警察資料の存在を示唆するとも考えられるが、「従軍記者、慰問者」とあるので、あるいは警察ではなく、憲兵隊の報告だった可能性も十分ありうる。その場合には、警察報告には見つからないはずである。

この通牒があげている好ましくない事例がここで紹介したようなものだとすると、とくに「募集ノ方法、誘拐ニ類シ警察当局ニ検挙取調ヲ受クルモノアル」が田辺事件を指すのだとすれば、この通牒の解釈について、従来の説が当然のこととしてきた前提そのものを再検討せざるをえない。

というのは、この事件で事情聴取された業者の行為は、陸軍慰安所が軍と関係のない民間の施設であれば、まったくの詐欺・誘拐行為にほかならないと断定できるが、それがまぎれもない軍公認の施設だった場合には、そう簡単に誘拐とは断じえない性質のものだからである。たとえ本人の自由意志による同意があろうとも、売春に従事させる目的で前借金契約をかわして国外に女性を連れ出すこと、それ自体がすでに違法だというならば話は別だが、そうでないとすれば、この業者の行為は、軍の要請に応じて、その提示条件をもとに、酌婦経験のある成人の女性に、先方に着いてから何をするのか、一応きちんと説明した上で、上海行きを誘っただけにすぎず、決して嘘偽りをいって騙したのではない。まして、拉致・略取などに及んではいない。考えてみれば、慰安婦の勧誘法としては、これ以外にどんな方法があるだろうか。ただ、警察から誘拐行為と目されることになったのは、軍がそのような施設をつくり、業者に依頼して女性を募集しているという話そのものが、ありうべからざること、にわかには信じがたい、荒唐無稽なことだったからにほかならない。

警察資料に登場する慰安婦募集活動は、いずれもこの田辺事件と大同小異のものばかりであって、詐欺や拉致・拐取は一例もない。明らかに違法なのは、大内の示した契約条件の年齢条項だけである（もちろん「公序良俗」に反する契約でもある）。しかし、未成年の女性を実際に勧誘した事実は警察報告からは読みとれない。

現存する警察資料が明らかにしている事実関係からすれば、この有名な副官通牒が出された際に、現実に問題となった誘拐行為は、じつは慰安所そのものが軍の施設であるならば、当時の基準では犯罪とはみなされないたぐいのものであった。実際には、「内地で軍の名前を騙って非常に無理な募集をしている者」や「強制連行」「強制徴集」を行う悪質な業者などどこにも存在していなかったのだとすると、この通牒も直接的にはその種の行為を禁止するために出されたのではないと解釈せざるをえない。では、いったい何が取締まらねばならないと考えられていたのか、そもそもこの通牒は何かを取り締まる目的で出されたものなのか。それを検討するには、このような活動に地方の警察がいったいどうのように反応したのかを見ておく必要がある。

四、地方警察の反応と内務省の対策

大内の募集活動を探知した群馬県警察はこれに対してどのような反応を見せたのか。史料番号二の警察報告は次のような言葉で締めくくられている。

本件ハ果タシテ軍ノ依頼アルヤ否ヤ不明且ツ公秩良俗ニ反スルガ如キ事業ヲ公々然ト吹聴スルガ如キハ皇軍ノ威信ヲ失墜スルモ甚シキモノト認メ、厳重取締方所轄前橋警察署長ニ対シ指揮致置候(39)

この史料から、軍による陸軍慰安所の設置とその要請を受けた慰安婦募集は警察にとってはにわかに信じがたいできごとであったことがよくわかる。上海総領事館警察から正式の通知を受け取っていた長崎県や、内務省から非公式の指示があった兵庫県・大阪府は軍の要請による慰安婦募集活動であることを事前に知らされ、それゆえ内々にその活動に便宜をはかったのだが、何の連絡も受けていない関東や東北では、大内の話はまったくの荒唐無稽事に聞こえたのである。

軍が売春施設と類似の慰安所を開設し、そこで働く女性を募集しているとなどという話はそもそも公秩良俗に反し、まともに考えれば、とても信じられるものではない。ましてそれを公然とふれまわるにいたっては、皇軍の名誉を著しく傷つけるにもほどがあると、そう群馬県警察は解した。大内は嘘を言って、女性を騙そうとしたわけではない。真実を告げて募集活動をしたために、警察から「皇軍ノ威信ヲ失墜スルモ甚シキモノ」とみなされたのであった。

他の二県（山形、茨城）でも警察の反応は同様である。山形県警察の報告では、

如斯ハ軍部ノ方針トシテハ俄ニ信ジ難キノミナラズ、斯ル事案ガ公然流布セラル、ニ於テハ銃後ノ一般民心殊ニ応召家庭ヲ守ル婦女子ノ精神上ニ及ボス悪影響少カラズ、更ニ一般婦女身売防止ノ精神ニモ反スルモノ(40)

と記され、茨城県でも群馬県とほぼ同様に、

本件果タシテ軍ノ依頼アリタルモノカ全ク不明ニシテ且ツ酌婦ノ稼業タル所詮ハ醜業ヲ目的トスルハ明ラカニシテ、公序良俗ニ反スルガ如キ本件事案ヲ公々然ト吹聴募集スルガ如キハ皇軍ノ威信ヲ失墜スルコト甚シキモノアリト認メ、厳重取締方所轄湊警察署長ニ対シ指揮致置候(41)

との判断および指示が下されたのであった。すなわち、警察から「皇軍ノ威信ヲ失墜スルコト甚シキモノアリ」と非難され、厳重に取締まるべきものとされたのは、「誘拐まがいの方法」でもなければ、

「違法な徴募」「悪質な業者による不統制な募集」「強制連行」「軍の名前を騙る非常に無理な募集」「強制徴集」のいずれにも該当しない大内の活動だったのである。もっと言えば、中国に軍の慰安所を設置し、そこで働く女性を内地や植民地で公然と募集することそのものが（つまり軍の計画そのものが）、「公序良俗」に反し、「皇軍ノ威信ヲ失墜」させかねない行為だったのである。

以上のことから、当時の警察の考えと対応は次のようにまとめられよう。

一、一部の地方を除き、軍の慰安所設置について何も情報を知らされておらず、慰安所の設置はにわかに信じがたい話であった。国家機関である軍がそのような公序良俗に反する事業をあえてするなどとは、予想だにしなかった。

二、かりに軍慰安所の存在がやむを得ないものだとしても、そのことを明らかにして公然と慰安婦の募集を行うのは、皇軍の威信を傷つけ、一般民心とくに兵士の留守家庭に非常な悪影響を与えるおそれがあるので、厳重取締の必要があると考えていた。そして、実際にそのような募集行為を行わないよう業者を指導し、管下の警察署に厳重取締の指令を下した。

この警察の姿勢をもっとも鮮明に打ち出したのは高知県だった。高知県には大内は立ち寄っていないが、すでに述べたように、「渡支後醜業ニ従事セシムル目的」で中国渡航婦女を募集する者が続出し、「一面軍ト連絡ノ下ニ募集スルモノ、如キ言辞ヲ弄」していたのである。それに対して高知県警察は次のような取締方針を県下各警察署に指示した。

支那各地ニ於ケル治安ノ恢復ト共ニ同地ニ於ケル企業者簇出シ、之ニ伴ヒ芸妓給仕婦等ノ進出亦夥シク、中ニハ軍当局ト連絡アルカ如キ言辞ヲ弄シ之等渡航婦女子ノ募集ヲ為スモノ等漸増ノ傾向ニ有之候処、軍ノ威信ニ関スル言辞ヲ弄スル募集者ニ就テハ絶対之ヲ禁止シ、又醜業ニ従事スルノ目的ヲ以テ渡航セントスルモノニ対シテハ身許証明書ヲ発給セザルコトニ取扱相成度(42)

警察としては当然かくあるべき方針といえるが、「軍ノ威信ニ関スル言辞ヲ弄スル募集者ニ就テハ絶対之ヲ禁止シ、又醜業ニ従事スルノ目的ヲ以テ渡航セントスルモノニ対シテハ身許証明書ヲ発給セザルコト」になれば、慰安婦の募集は不可能となり、慰安所そのものが成り立たなくなる。軍の計画は失敗せざるをえない。このような地方警察の反応を警察報告で知らされた内務省や陸軍省としては、早急に何らかの手を打たねばならないと感じたはずである。

軍の慰安所政策（国家機関が性欲処理施設を設置・運営し、そこで働く女性を募集する）は、当時の社会通念からいちじるしくかけ離れたものであったうえ、そのことが府県警察のレベルにまで周知徹底されないうちに、業者のネットワークを伝って情報がひろがり、慰安婦の募集活動が公然と開始されたため、このような事態をまねいたのであった。この混乱を収拾して、軍の要請に応じて、慰安婦の調達に支障が生じないようにするとともに、地方の警察が懸念する「皇軍ノ威信ヲ失墜」させ、銃後の人心を動揺させかねない事態を防止するためにとられた措置が、警保局長通牒（内務省発警第五号）であり、それに関連して陸軍省から出先軍司令部に出されたのが問題の副官通牒（陸支密第七四五号）だったのである。

警保局長通牒[43]はその冒頭で最近、売春に従事する目的で中国に渡航する婦女が増加しており、かつまた「軍当局ノ諒解アルカノ如キ言辞ヲ弄」して、内地各地で渡航婦女の募集周旋をなす者が頻出しつつあると、現状を把握した上で、これらの「婦女ノ渡航ハ現地ニ於ケル実情ニ鑑ミルトキハ蓋シ必要已ムヲ得ザルモノアリ。警察当局ニ於テモ特殊ノ考慮ヲ払ヒ実情ニ即スル措置ヲ講ズルノ要アリト認メラルル[44]」と、慰安婦の中国渡航をやむをえないものとして容認する判断を下した。さすがに警保局長の通牒文書であるので、軍が慰安所を設置し、業者を使って慰安婦を集めている事実にあからさまにふれてはいないが、一連の警察報告を前において読めば、「現地ニ於ケル実情」なるものが陸軍の慰安所設置をさしているのは言わずとも明らかであろう。

その「実情」に鑑みて、「醜業ヲ目的トスル婦女ノ渡航」を「必要已ムヲ得ザルモノ」として認めたこの警保局長通牒は、それまでの警察の方針を放擲して、慰安婦の募集と渡航を容認し、それを合法化する措置を警察がとったことを示す文書にほかならない。先ほど言及した高知県警察の禁止指令のごとき、地方警察の取締および防止措置をキャンセルし、軍の慰安所政策への全面的協力を各府県に命じる措置だったのである。同様に、史料一の外務次官通牒「不良分子ノ渡支ニ関スル件」(一九三七年八月三十一日付)が規定していた渡航制限方針を変更し、それを緩和する措置でもあった[45]。

と同時に、警保局は慰安婦の募集と渡航の容認・合法化にあたって、「帝国ノ威信ヲ毀ケ皇軍ノ名誉ヲ害フ」ことのなきよう、「銃後国民特ニ出征兵士遺家族ニ好マシカラザル影響ヲ与フル」おそれのなきよう、また「婦女売買ニ関スル国際条約ノ趣旨ニモ悖ルコト無キ」よう、募集活動の適正化と統制を並行して実施するよう指令を下した。ここで好ましからざるものとして念頭に置かれていたのが、大内のそれであることは言うまでもない。通牒が国際条約にふれているのは、大内の所持していた契約条件の年齢条項を意識してのことと推察されるからである。

要するにこの通牒のねらいは、慰安婦の募集と渡航を容認・合法化し、あわせて募集活動に対する規制をおこなうことにあり、七項目にわたる準拠基準が定められた。第一〜五項は「醜業ヲ目的トシテ渡航セントスル婦女」に渡航許可を与えるため、前記外務次官通牒に定める身分証明書を警察が発行する際の遵守事項を定めたものである。具体的には、現在内地において売春に従事している満二十一才以上の女性で性病に罹患していない者が華北、華中方面に渡航する場合にかぎりこれを黙認し、その際、契約期間が終われば必ず帰国することを約束させ、かつ身分証明証の発給申請は本人自ら警察署に出頭して行い、同一戸籍内の最近尊族親または戸主の同意書を示すこと、さらに発給にあたっては稼業契約その他の事項を調査し、婦女売買又は略取誘拐等の事実がないことを確認してから、身分証明を付与すること、とされている。当時の刑法、国際条約、公娼規則に照らしてぎりぎり合法的な線を守ろうとすれば、だいたいこのあたりに落ち着くのである。

もっとも、この遵守事項がきちんと守られたかどうかは、また別問題である。なぜなら、この通牒が発令されて二カ月ばかり後に北海道の旭川警察署が、「醜業ヲ目的トシテ」中国に渡航する満二十一歳未満の芸妓に身分証明書を発給した事実が知られているからである。(46)

第六、七項は募集業者に対する規制であり、「醜業ヲ目的トシテ渡航セントスル婦女」の募集周旋にあたって「軍ノ諒解又ハ之ト連絡アルガ如キ言辞其ノ他軍ニ影響ヲ及ボスガ如キ言辞ヲ弄スル者ハ総テ厳重ニ之ヲ取締ルコト」、「広告宣伝ヲナシ又ハ事実ヲ虚偽若ハ誇大ニ伝フルガ如キハ総テ厳重ニ之ヲ取締ルコト」、「募集周旋等ニ従事スル者ニ付テハ厳重ナル調査ヲ行ヒ、正規ノ許可又ハ在外公館ノ発行スル証明書等ヲ有セズ身許ノ確実ナラザル者ニハ之ヲ認メザルコト」の三点が定められた。

つまり、慰安婦の募集周旋において業者が軍との関係を公言ないし宣伝することを禁じたのである。通牒が取締の対象としたのは、業者の違法な募集活動ではなくて、業者が真実を告げること、言い換えれば、軍が慰安所を設置し、慰安婦を募集していると宣伝し、知らしめること、そのことであった。慰安婦の募集は密かに行われなければならず、軍との関係は触れてはいけないとされたのである[47]。

この通牒は、一方において慰安婦の募集と渡航を容認しながら、軍すなわち国家と慰安所の関係についてはそれを隠蔽することを業者に義務づけた。この公認と隠蔽のダブル・スタンダードが警保局の方針であり、日本政府の方針であった。なぜなら、自らが「醜業」と呼んで憚らないことがらに軍＝国家が直接手を染めるのは、いかに軍事上の必要からとはいえ、軍＝国家の体面にかかわる「恥ずかしい」ことであり、大っぴらにできないことだったからだ。このような隠蔽方針がとられたために、軍＝国家と慰安所の関係は今にいたっても曖昧化されたままであり、それを示す公的な資料が見つかりにくいというより、そもそものはじめから少ないのは、かかる方針によるところ大と言えるであろう。その意味では、慰安所と軍＝国家の関係に目をつぶり、できるかぎり否認せんとする自由主義史観派の精神構造は、この通牒に看取される当時の軍と政府の立場を、ほぼそのまま受け継ぐものと言ってよい。

副官通牒はこのような内務省警保局の方針を移牒された陸軍省が[48]、警察の憂慮を出先軍司令部に伝えると共に、警察が打ち出した募集業者の規制方針、すなわち慰安所と軍＝国家の関係の隠蔽化方針を、慰安婦募集の責任者ともいうべき軍司令部に周知徹底させるため発出した指示文書であり、軍の依頼を受けた業者は必ず最寄りの警察・憲兵隊と連絡を密にとった上で募集活動を行えとするところに、この通牒の眼目があるのであり、それによって業者の活動を警察の規制下に置こうとしたのである。[49]であるがゆえに、この通牒を「強制連行を業者がすることを禁じた文書」などとするのは、文書の性格を見誤った、誤りも甚だしい解釈と言わざるをえない。

おわりに

一九三七年末から翌年二月までにとられた一連の軍・警察の措置により、国家と性の関係に一つの転換が生じた。軍が軍隊における性欲処理施設を制度化したことにより、政府自らが「醜業」とよんで憚らなかった、公序良俗に反し、人道にもとる行為に直接手を染めることになったからである。公娼制度のもと、国家は売春を公認してはいたが、それは建て前としては、あくまでも陋習になずむ無知なる人民を哀れんでのことであり、売春は道徳的に恥ずべき行為＝「醜業」であり、娼婦は「醜業婦」にすぎなかった。国家にとってはその営業を容認するかわりに、風紀を乱さぬよう厳重な規制をほどこし、そこから税金を取り立てるべき生業だったのである。

しかし、中国との戦争が本格化するや、その関係は一変する。いまや出征将兵の性欲処理労働に従事する女性が軍紀と衛生の維持のため必須の存在と目され、性的労働力は広義の軍要員（あるいは当時の軍の意識に即して言えば「軍需品」と言った方がよいかも知れない）となり、それを軍に供給する売春業者はいまや軍の御用商人となったのである。国家が民間で行われている性産業・風俗営業を公認し、これを警察的に規制することと、国家自らが政府構成員のために性欲処理施設を設置し、それを業者に委託経営させることとは、国家と性産業との関係においてまったく別の事柄なのである。

そう考えるならば、同じように軍の兵站で働き、軍の必要とするサービスを供給する女性労働力であった点において、従軍看護婦と従軍慰安婦との間には、その従事する職務の内容に差はあれ、本質的な差異を見いだすことはできない。慰安婦もまたその性的労働によって国家に「奉仕」した／させられたのであった。

一連の措置により、慰安婦の募集と渡航が合法化されたことは、性的労働力が軍需動員の対象となり、戦時動員がはじまったことを意味している。それはまた性的サービスを目的とする風俗産業の軍需産業化にほかならず、内地・植民地から戦地・占領地へ向けて風俗産業の移出とそれに伴う多数の性的労働力＝女性の流出と移動を生みだした。慰安婦は戦時体制が必然的に生みだした国家と性の関係変容を象徴する存在であり、戦時における女性の総動員の先駆けともいうべき存在となった。彼女たちにつづき、人間の再生産にかかわる家庭婦人が「生めよ殖やせ」の戦時総動員政策のもとで、銃後の母・出征兵士の妻として、兵力・労働力の再生産と消費抑制の大任を負わされ、未婚女性は、あるいは軍需工場での労働力として、あるいは看護婦から慰安婦にいたるさまざまな形態の軍要員として動員されたのであった。

しかし、ひとしく戦時総動員と言っても、そこには民族とジェンダーに応じた「役割分担(50)」が厳然と存在し、内地日本人男性のみを対象とした徴兵（あるいは軍需工場の熟練工）を頂点に、各労働力の間には截然たる階層区分が存在していた。労務動員により炭坑や鉱山で肉体労働に従事した朝鮮人・中国人労働者のために事業場慰安所が設立されたことを思うと[51]、この戦時総動員のヒエラルキーの最低下層におかれていたのが、慰安所で性的労働に従事した女性、なかんずく植民地・占領地出身の女性であったのはまちがいない。彼女たちは戦時総動員体制下の大日本帝国を文字どおりその最底辺において支えたのである。

　このような戦時総動員のヒエラルキーが形づくられた要因はさまざまであるが、慰安婦に関して言えば、軍・警察の一連措置が内包していたダブル・スタンダードのもつ役割にふれないわけにはいかない。すでに述べたように、軍・警察は慰安所を軍隊の軍紀と衛生の保持のため必須の装置とみなし、慰安婦の募集と渡航を公認したが、同時に軍・国家がこの道徳的に「恥ずべき行為」に自ら手を染めている事実については、これをできるかぎり隠蔽する方針をとった。軍の威信を維持し、出征兵士の家族の動揺を防止するために、すなわち戦時総動員体制を維持するために、慰安所と軍・国家の関係や、慰安婦が戦争遂行上においてはたしている重要な役割は、公的にはふれてはいけないこと、あってはならないこととされたのである。

　国家と性の関係は現実に大きく転換したが、売春＝性的労働を「公序良俗」に反する行為、道徳的に「恥ずべき行為」であるとする意識、さらに慰安婦を「醜業婦」と見なす意識はそのまま保持され続け、そこに生じた乖離が上記のような隠蔽政策を生み出すにいたった。慰安婦は軍・国家から性的「奉仕」を要求されると同時に、その関係を軍・国家によってたえず否認され続ける女性たちであった。

このこと自体が、すでに象徴的な意味においてレイプといってよいだろう。従軍慰安婦が、同様に軍の兵站で将兵にサービスをおこなう職務に従事しながら、従軍看護婦とは異なる位置づけを与えられ、見えてはならない存在として戦時総動員ヒエラルキーの最底辺に置かれたのは、このような論理と政策の結果とも言えよう。慰安所の現実がそこで働かされた多くの女性、なかんずく植民地・占領地の女性にとって性奴隷制度にほかならなかったのは、このような位置づけと、それをもたらした軍・警察の方針によるところが大きいのである。

（注）

（1）アジア歴史資料センター、レファレンスコード、JACAR:C04120263400。
（2）吉見義明編集・解説『従軍慰安婦資料集』大月書店、一九九二年、一〇五～一〇六頁、女性のためのアジア平和国民基金編『政府調査「従軍慰安婦」関係資料集成②』（龍渓書舎、一九九七年）五～七頁、以下『資料集成②』と略記する。
（3）吉見義明『従軍慰安婦』岩波新書、一九九五年、三五頁。
（4）小林よしのり『新ゴーマニズム宣言　第三巻』（小学館、一九九七年）一六五頁。
（5）小林よしのり「人権真理教に毒される日本のマスコミ」西尾幹二・小林よしのり・藤岡信勝・高橋史朗『歴史教科書との15年戦争』ＰＨＰ研究所、一九九七年、七七頁。
（6）藤岡信勝「歴史教科書の犯罪」前掲『歴史教科書との15年戦争』五八頁。
（7）秦郁彦「歪められた私の論理」『文藝春秋』一九九六年五月号。
（8）上杉聡『脱ゴーマニズム宣言』東方出版、一九九七年、七七頁。

（9）吉川春子『従軍慰安婦──新資料による国会論戦』あゆみ出版、一九九七年。
（10）八木絹「旧内務省資料でわかった『従軍慰安婦』の実態」『赤旗評論特集版』一九九七年二月三日。
（11）和田春樹「政府発表文書にみる『慰安所』と『慰安婦』──『政府調査「従軍慰安婦」関係資料集成』を読む」女性のためのアジア平和国民基金「慰安婦」関係資料委員会編『「慰安婦」問題調査報告・1999』女性のためのアジア平和国民基金、一九九九年。
（12）この間の経緯については、『赤旗』一九九六年十二月二十日に詳しい。
（13）前掲『資料集成①』、三六〜三八頁。
（14）前掲吉見編『従軍慰安婦資料集』二八〜三〇頁、吉見義明・林博史編著『共同研究　日本軍慰安婦』大月書店、一九九五年、第二章、第四章。
（15）南京戦史編集委員会編『南京戦史資料集Ⅰ』偕行社、一九九三年、一五三、一六二頁。
（16）同編『南京戦史資料集Ⅱ』偕行社、一九九三年、二七一頁。
（16）同右、三〇五頁。なお、湖州の慰安所については、第十軍法務部長であった小川関治郎の陣中日記の一九三七年十二月二十一日条にも「尚当会報ニテ聞ク　湖州ニハ兵ノ慰安設備モ出来開設当時非常ノ繁盛ヲ為スト　支那女十数人ナルガ漸次増加セント憲兵ニテ準備ニ忙シト」との記述が見られる、小川関治郎『ある軍法務官の日記』みすず書房、二〇〇〇年、一二四頁。
（18）前掲吉見編『従軍慰安婦資料集』一七五頁。
（19）同右、一九五頁。
（20）高崎隆治編『軍医官の戦場報告意見集』不二出版、一九九〇年、一一五、一二〇頁。
（21）麻生徹男軍医少尉「花柳病ノ積極的予防法」一九三九年六月二十六日、高崎編前掲書、五五頁。
（22）藤永壮「上海の日本軍──慰安所と朝鮮人」、上海研究プロジェクト編『国際都市上海』大阪産業大学産業研究所、一九九五年、一六九頁。なお、藤永は麻生徹男『上海から上海へ』（石風社、一九九三年）に依拠している。

(23)一九三七年十二月に陸軍と総領事館との間に結ばれた風俗警察権の分界協定は、上海・南京戦が終了し、日本軍の駐屯と占領地支配の長期化が明確になった一九三八年春になって、一部修正の上、再確認された。その年三月には上海で、四月十六日に南京総領事館で陸海外三省関係者の協議会が開催され、占領地の警察権に関する協定を結んでいる(前掲吉見編『従軍慰安婦資料集』一七八~一八二頁)。なお、一般公娼施設と軍慰安所との間で明確に警察の管轄区分がなされていた点で、軍事警察が占領地の風俗営業取締を全般的に担当していた日露戦争中の満州軍政や第一次大戦期の青島占領とも性格を異にすることも付け加えておく。

(24)前掲『資料集成①』三、七頁。前掲吉見編『従軍慰安婦資料集』九六、九七頁。

(25)前掲『資料集成①』二八、三二頁。

(26)同右、三五、三六頁。

(27)同右、四五頁。

(28)同右、一〇五~一〇九頁。この手書きメモは欄外に「内務省」と印刷されている事務用箋に記されており、内容からみて、一九三八年一月の慰安婦第一回送出のあとに、本省側が兵庫県警に事情を聴取した際に作られたメモと思われる。なお、山下内務大臣秘書官とあるのは山下知彦。海軍大将山下源太郎の養嗣子で、男爵・海軍大佐。三六年三月に予備役となり、末次信正の内務大臣就任とともにその秘書官に起用されていた。

(29)前掲『資料集成①』三二頁。

(30)同右、四三頁。

(31)同右、十一~十三頁。

(32)同右、二三~二四頁。

(33)同右、四八~四九頁。

(34)同右、十六、四三頁。

(35) 同右、十九〜二一頁。
(36) 契約書には「一、上海派遣軍内陸軍慰安所ニ於テ酌婦稼業ヲ為スコト　一、賞与金ハ揚高ノ一割トス（但シ半額ヲ貯蓄スルコト）」と記されている。同右、十四頁。
(37) 同右、二五頁。
(38) 同右、五四頁。
(39) 同右、十九頁。
(40) 同右、二四頁。
(41) 同右、四九頁。
(42) 同右、二六頁。
(43) この通牒は、警保局警務課（課長町村金五）において一九三八年二月十八日付けで起案され、富田健治警保局長、羽生雅則内務次官、末次信正内務大臣の決裁を受けて、二月二十三日付で各地方長官に通達された。外事課と防犯課とがこれに連帯している。同右、五五頁。
(44) 同右、六九〜七〇頁。
(45) 警保局長通牒が外務次官通牒に定める渡航制限の緩和措置であったことは、この通牒が出された後に、粟屋大分県知事と外務省の吉沢清次郎アメリカ局長との間で以下のようなやりとりがなされたことからもわかる。まず粟屋知事は、外務省の既存の指令にしたがえば、山東方面への初渡航者には警察の身分証明書を発行すべきでないと解されるが、同方面の「皇軍慰安所ノ酌婦等募集ヲナス旨ノ在支公館又ハ軍部ノ証明ヲ有スル者ノ募集セル酌婦等ニ対シテハ身分証明書下付相成差支無キヤ」とアメリカ局宛に照会を行い、それに対して吉沢局長は、内務省発警第五号「支那渡航婦女ノ取扱ニ関スル依命通牒」にしたがって「渡支支障ナキ者ナル限リ身分証明書ヲ発給セラレ差支無之」と回答したのであった。すなわち警保局長通牒にしたがい、慰安婦の渡航を認めてよいと指示したのであった。同右、一一七〜一二〇頁。
(46) 在山海関副領事発外務大臣宛機密第二一三号（一九三八年五月十二日付）前掲吉見編『従軍慰安婦資料

集』一一一頁。

内務省警保局長通牒が定めている渡航許可の基準は、実質的には空文化されていたと考えられる。なぜならば、現実に慰安所に送られた例を検討すると、基準が守られていたとはとても思えないからである。以下にみるように、秦郁彦『慰安婦と戦場の性』(新潮社、一九九九年)に紹介されている元兵士の証言(三八二〜三八三頁)がその証拠となる。これらは氷山の一角であったと考えてよいであろう。

そのひとつ、華南南寧憲兵隊の元憲兵曹長の回想によれば、一九四〇年夏、中国華南の南寧を占領した直後に、その兵士は陸軍慰安所北江郷という名の軍慰安所を毎日巡察していたという。その慰安所の経営者は十数人の若い朝鮮人慰安婦を抱えていたが、地主の息子で小作人の娘たちを連れてやって来たとのことであった。朝鮮を出るときは、契約は陸軍直轄の喫茶店、食堂とのことだったが、若い女の子に売春を強いることに経営者の朝鮮人も深く責任を感じているようだったという。

この慰安所の経営者が女性を騙したのか、それとも経営者自身が他の誰かに騙されたのか、この証言だけでは曖昧だが、連れてこられた女性は明らかに就労詐欺の被害者である。内務省警保局長通牒の趣旨からすればあってはならないことがらである。

一九三二年の上海事変の際には「設置計画中の海軍指定慰安所で働かせるため、長崎地方の女性十五名を事情を隠し、女給・女中を雇うかのように騙して長崎から乗船させ(誘拐)、上海に上陸させた(移送)」事件が起こり、被疑者は起訴されたが、長崎控訴院は刑法旧第二二六条第一項の国外誘拐罪と同条第二項国外移送罪が成立するものとして有罪を宣告し、大審院もこれを支持した(大審院判決が出されたのは一九三七年三月)(戸塚悦郎「確認された日本軍性奴隷募集の犯罪性」、『法学セミナー』一九九七年十月号)。

この判例からすれば、南寧の陸軍慰安所の女性も国外誘拐罪、国外移送罪の被害者にまちがいないが、その被害事実が分かっておりながら、慰安所の取り締まりを担当していたこの憲兵曹長は、女性を帰国させずにそのまま放置し、何らの救済措置もとっていない。また、騙した犯人の追及も行なっていない。この憲兵曹長は、慰安所の経営者および慰安婦に同情を寄せていたことから、自身もそこで行なわれていることがよいことではないのを承知していたと思われる。良心的な兵士だったと思われるが、犯罪行為の摘発という憲兵として当然なすべきことを行なわず、しかもそのことに対してとくに後ろめたい気持ちを抱くこともしていない。これはこの憲兵が悪徳憲兵だったからではなくて、軍慰安所が軍にとって不可欠な施設であるために、たとえ違法な方法で慰安婦の募集が行なわれていたとしても、軍事上の必要のためにはやむをえないと考える姿勢、言いかえれば「見て見ぬふりをする」体制がすでに陸軍内にできあがっていたからだと思われる。

この例は朝鮮での募集なので、内務省警保局長通牒は植民地には適用されなかったから例として不適当との解釈もあるかもしれない。そこで日本内地の例を秦前掲書からあげておく。ただし、刑法旧第二二六条は朝鮮・台湾にも適用されるので、右の例の女性が犯罪事件の被害者であることはそれによって何ら変化を受けるわけではない。

第二の例は、山東の済南に駐屯していた第五九師団の元伍長の証言である。一九四一年のある日、国防婦人会の「大陸慰問団」という日本人女性二〇〇人がやってきた。彼女たちは部隊の炊事の手伝いなどをするつもりだったのが、皇軍相手の売春婦にさせられてしまった。将校クラブにも、九州の女学校を出たばかりで、事務員の募集に応じたら慰安婦にさせられたと泣く女性がいた。この例も、話が事実なら、同様に国外誘拐罪、国外移送罪の被害者である。内務省警保局長通牒の基準が厳格に守られていたのであれば、こういう例は未然に防止されたはずである。しかしながら、未然に防止されるどころか、事後においても被害者が救済されたり、犯罪事件が告発された形跡がない。女性を送り出す地域の警察も、送られてきた側で軍慰安所を管理していた軍も、いずれもこのような犯罪行為に何ら手を打っていないのである。軍慰安所の維持のためにはやむをえない必要悪だとして、組織的に「見て見ぬふり」をしなければ、とうていこのようなことは起こりえないはずである。一九三七年末から一九三八年初めにかけて軍慰安所が軍の後方組織として認知されたことにより、事実上刑法旧第二二六条はザル法と化す道が開かれたのだといってよい。それは警保局長通牒が空文化したことを意味する。

なおこれに関連していえば、「軍慰安所で性的労働に従事する女性を、その本人の意志に反して、就労詐欺や誘拐、脅迫、拉致・略取あるいは人身売買などの方法を用いて集めること、およびそのようにして集めた女性を、本人の意志に反して、軍慰安所で性的労働に従事させること」をもって「慰安婦の強制連行」と定義してよいのであれば、たとえ軍が直接に手を下したり、命令を出したりしなかったとしても、右にあげた例のように、組織的に「見て見ぬふり」をしていた場合、すなわち軍から慰安所の経営を委託された民間業者やそれに依頼された募集業者が詐欺や誘拐によって女性を軍慰安所に連れてきて働かせ、しかも軍慰安所の管理者である軍がそれを摘発せずに、事情を知ってなおそのまま働かせたような場合には、日本軍が強制連行を行なったといわれても、それはしかたがないであろう。

(47) 副官通牒や警保局長通牒をもって「強制連行」の事実があったことを示す史料だとする上杉聡の見解に私は同意できないが、しかし「業者の背後に軍部があることを『ことさら言うな』」と公文書が記している」と考える点では、同意見である。

(48) 内務省警保局長通牒は各地方長官だけでなく、拓務省管理局長(棟居俊一)、陸軍省軍務局長(町尻量基)、外務省条約局長(三谷隆信)、同アメリカ局長(吉沢清次郎)にも参考のため移牒されている。アメリカ局に移牒されたのは旅券事務が同局の管轄だったからである。前掲『資料集成①』、六七頁。

(49) 一九三八年十一月の第二一軍向け慰安婦の「調達」と移送は、全面的な警察の規制と支援のもとで、秘密裡に行われた。これは政府・内務省の方針の本質をよく示すものである。同上、七七〜一〇〇頁。

(50) 駒込武「帝国史研究の射程」『日本史研究会』四五二、二〇〇〇年、二二八頁。

(51) 前掲『共同研究　日本軍慰安婦』第五章、一四二〜一四四頁。

第二章　日本人「慰安婦」はどう扱われたか？

日本人「慰安婦」の処遇と特徴
――性奴隷を正当化した戦時ナショナリズムと「性の防波堤」論

西野瑠美子

一、日本人「慰安婦」とは誰か？

日本人「慰安婦」の処遇は、日本人だからといって一括りに語ることはできない。いつの間にか日本人「慰安婦」は商行為である公娼制度下の女性たち（芸娼妓）というイメージが形成されてきたが、その概念がもたらす「慰安婦」像から自由にならない限り、日本人「慰安婦」の実態と問題は見えてこないだろう。

慰安所の形態や年代、慰安所があった地域とも関係するが、日本人女性が「慰安婦」になった経緯（なぜ、慰安所に行くことになったのか）は多様で、「自らの意思に反し」て「慰安婦」になったケースも少なくない。必然、慰安所での処遇は、「慰安婦」になった経緯と複雑に絡み合っている。

1、遊廓から前借金で鞍替え

「慰安婦」になった動機または経緯は、外形的に見ると大きく四つに整理することができる。一つは遊廓にいた女性（芸娼妓）が慰安所に鞍替えしたケースである。福岡の炭鉱町の銘酒屋に売られ、「食費だ衣装代だ布団代だとハネられ」かさんでいく借金に苦しんでいた嶋田美子(1)や、玉の井の遊廓にいたが病気の弟の治療のためにさらにお金が必要になった高島順子のように、新たに用意してくれる高額な前借金につられて慰安所に行ったというのが、公娼制度下の女性の典型的な動機であった。当時、トラック島の郵便局員だったM氏は、夏島にいた日本人「慰安婦」は「日本内地で営業困難になった者が、女衒的業者の高収入という好餌に勧誘された人たちが大半であった(3)」と語っているが、川崎の遊廓が廃止となったのをきっかけにパラオの慰安所に行った水野イクはこのケースに当てはまる。このように、遊廓からの「鞍替え」は、膨れ上がった借金を返済して自由の身になりたい、あるいは新たにお金が必要になったなどの事情から高額な前借金に誘われ慰安所に行ったというものが多い。

一方、前借金による鞍替えではなく、田中タミのように、売られて小間使いをしていた遊廓（大吉楼）が軍の要請で軍隊慰安所として出店することになり連れて行かれたというケースもある。また、内地にあった料亭が軍の要請等で戦地に将校用として支店を開設するため、店にいた芸者等を引き連れて行ったというものもある。戦地に開設されていた料亭では、ビルマのラングーンやメイミョー、ペグーにあった萃香園がよく知られているが、戦記などには中国斉南の料亭つるや綏芬河の敷島、南京の暁などの名前も目にする。

2、人身売買

二つ目は、前者と同様、貧困を背景に人身売買により身売りされた女性が慰安所に送られたケースである。慰安所設置が指示された一九三七年暮れから三八年にかけて、軍の要請で「慰安婦」集めを指示された業者は、目標の頭数をそろえるため、貧しい農山村から娘を「買い揃え」た。上海派遣軍から陸軍慰安所を設置するために「慰安婦」集めを指示された業者が、国内で女性を集めていたところを検挙された警察資料[3]は、軍の指示を受けた業者の「慰安婦」集めがいかに横行していたかを想起させる。

3、詐欺による募集

三つ目は、就業詐欺である。朝鮮人女性の場合に甘言や詐欺による連行（刑法では誘拐にあたる）は多々聞かれるが、実は、日本人でも同じような詐欺による募集があった。例えば東京市飯田町職業安定所に張り出されたハルビンのアジアホテルの従業員募集は、「慰安婦」であることは隠され、「女性事務員」と偽って募集している。採用条件が「高女卒業または女専出身者で、女性事務員として勤務。時として〝接客〟もあり。これに耐える者。報酬は最高六〇〇円。最低四〇〇円」と記されていたため応募者は千二百余名を越え、選考の結果「三二名の〝インテリ〟女性が選ばれた[4]」という。

大阪市天王寺区・報国白菊会が出した新聞広告は「従軍看護婦募集」であった[5]。他に「特殊看護婦」という名目で募集[6]されたケースもある。「女中・女給」と騙して慰安所に送ろうとした業者が逮捕され、有罪判決が出たケース[7]は前田朗氏の論文（第一章三三頁）に詳しい。

一九九二年に日朝協会が行った「ダイヤル一一〇番」に電話をかけてきた日本人女性は、十五歳の時に「旅館の手伝い」と騙されて台湾の慰安所に入れられ、その後、フィリピンの慰安所に送られたという(8)。また、トラック島の慰安所にいた日本人「慰安婦」は「軍属募集」に応募して行ったものの、到着から一カ月ほどして「慰安婦」をやれと言われたという。そのため、自ら縊死を選んだ女性もいた(9)。このような就業詐欺による被害女性は頑なに口を閉ざしており、彼女たちが慰安所で受けた状況を知ることは難しい。

4、戦地で軍属女性が「慰安婦」を強要される

四つ目は、戦地で働いていたタイピストなどの女性が戦況悪化の中で「慰安婦」にさせられたケースである。例えば、一九四四年七月、第八次ジャワ派遣女子軍属隊員二百余名が神戸からタマ二六船団(九隻編成)の第一番船瑞穂丸で出航したが、三日後に船は魚雷を受けて沈没した。この船に乗っていた山本隆子ら三〇名の女子軍属は日本海軍の掃海艇に救助され、ルソン島の北西部のバンギに上陸した。九月、フィリピンの北サンフェルナンドの日本陸軍の兵站部で、山本らは副官から「軍にはこれ以上、お前たちをジャワへ送る輸送船がない」が、「お前たちが〝偕行社の女〟になるのなら、衣食住の世話はする(偕行社の女になれば食わせてやる)」と言われ、「慰安婦」にされた(10)。

このように、日本人「慰安婦」になった経緯は多様であり、その経緯により女性たちの慰安所での処遇も必然、異なってくると思われるが、公的に顔を見せて名乗り出た被害女性は城田すず子さんを除いては他におらず、人身売買や騙されて慰安所に送られたケースほど当事者の沈黙は固い。

ここでは、閉ざされた記憶の襞に微かに残される痕跡（記録）を頼りに、浮かび上がる日本人「慰安婦」の処遇と特徴をみてみたい。

5、厚遇だった将校専用「慰安婦」

慰安所利用は、下士官・兵は休日の昼間、将校は夜（宿泊可）[11]というように、階級で利用時間が割り当てられているところが多かったが、容姿端麗であったり芸者出身であったり、気に入られて将校用（専属）になることもあった（とりわけ日本人）。戦況や時期、慰安所があった地域等の条件にもよるが、トラック島（海軍）の士官用「慰安婦」は「芸者出身が多かった」[12]という証言もある。

置屋の借金四〇〇〇円を軍が肩代わりしてくれると聞きトラック島の慰安所に行った山内馨子（芸者）も、将校専用の「慰安婦」であった。山内は「エライ将校さんたちのお相手とはいえ、兵隊用の女性や民間の慰安婦と違って一日一人と決められており、それも島にいる少尉以上の将校は少なく、船が寄港した時に忙しくなる程度であった」「将校と同等に近い食生活だった」「赤飯の缶詰、肉、野菜、なんでもあった」「島での生活は想像以上に快適な毎日だった」[13]と語っており、一般兵士用の「慰安婦」と比べて高待遇（処遇）であったことが分かる。

言うまでもなく、日本人だから、芸者出身だったから将校用になれ、高待遇を受けたというわけではない。同じ時期にトラック島の慰安所に送られた鈴本文も「芸者出身」であったが、彼女は一般兵士を相手にする「慰安婦」だった。「一人が終わると、ドタドタッとお手洗いに駆け込んでよく洗う。それからまた部屋に戻ると、また兵隊さん。男、男、男の繰り返し」[14]といい、朝鮮人「慰安婦」が体験した状況[15]を想起させる。玉の井の遊廓から上海の慰安所に行った高島順子（娼婦）も「一日平均三〇人」を相手にし、「浴衣一枚に帯もしめず、布団の上に寝て彼らを待っていた」という。

高島がいた慰安所は将兵が同じ慰安所を利用していたが、将校は夜行くというように時間で一般兵士と分けられていた。この慰安所の「慰安婦」の様子を玉の井銘酒屋組合長・国井茂はこのように回想している。「将校はたまにしか来ないので、十七時で終わりのようなものだった。後は食堂でしゃべりあったり、部屋で雑誌を読んだり、それぞれ好きなようにしていた」「女たちは十日に一回ぐらい休みをとって、上海租界へ遊びに行くようになっていた。一人では危ないので、二、三人がまとまって出かける。繁華街へ行って買物をしたり、好きなものを食べたり、時間があれば映画を観たりして帰るのだった」。

業者の口を通しての回想なので、業者に不利な点は語らないだろうから実態との間に齟齬があることは頭に入れて読む必要がある。解釈が実態を正反対に映し出した例をみてみよう。しばしば、日本人捕虜尋問報告の「慰安婦」たちはピクニックに行っていたという記述[16]から「慰安婦は自由で、楽しんでいた」と主張する者もいるが、これは正確な解釈ということはできない。酒席への「慰安婦」の同席と同様、「慰安婦」が好き勝手にピクニックに行ったわけではなく、将兵が楽しむため「慰安婦」を同行したと考えるのが自然であるからだ。

「慰安婦」が繁華街に行ったり映画を観たりしたという証言は、年代や地域によるが、軍の指定を受け、軍に委託された業者が経営する慰安所にしばしば聞かれる。軍直轄の慰安所は慰安所規定に「慰安婦外出の件厳重取締[17]」などと明記されているところもあり、そのような自由があったことは考えにくい。

6、収入・在慰安所年数

先に触れたように、遊廓にいた女性が「慰安婦」に鞍替えした理由には借金を返済したいという動機があった。大林清は「一人一日平均十五人として、五〇人で一五〇〇円。折半で七五〇円が主人の収入になる。協力者に利益分配しても一カ月一万四、五〇〇〇円の利益。五万円の投資はたちまち回収してしまう。女たちは一カ月から三カ月ぐらいで借金が抜け、後は稼ぎ放題だった」と述べている。このように高島の慰安所では業者と折半であり、山内馨子の場合は海軍省と四分六（四分が本人）であった。全時期にわたって、あるいはどの慰安所でもこのような条件が満たされていたとは言えないが、朝鮮人「慰安婦」には見られない特徴であり、初期においてこうした慰安所があったことは指摘しておきたい。

鞍替え女性の証言に見られるもう一つの特徴は、一年や一年半など、比較的短期間で帰国しているということだ。高島の場合、一九三八年に上海近くの南市の慰安所に行き、翌年春には業者と共に内地に引き揚げているから、慰安所にはほぼ一年しかいなかったことになる。トラック島に行った山内馨子も一年半、鈴本文も一年の契約で、多くの朝鮮人女性が敗戦でようやく解放（置き去り）されたという状況とは決定的に異なる。

初期に限定されるが、前借金で契約して慰安所に行った日本人女性は、期間や収入など応募時の「契約」が機能していたということもできる。とはいえ、前借金で行った女性たちが皆、「契約」範囲で動いていたということではない。大浜遊廓から一〇〇〇円の前借金で募集に応じて上海の陸軍慰安所に行った笹栗フジは、一二四連隊の移動に伴い、中国・ベトナム・ボルネオ・フィリピン・サモア諸島・ラバウル・タイ・ビルマなどを転々と移動し、結局八年間という歳月を慰安所で過ごした。捕虜になり帰国した時には無賃乗車券一枚を持っているだけだった。

7、契約

契約が交わされたのはおそらく時期的に限定的だったのではないかと思われるが、一時期とはいえ日本人女性を集める場合の特徴としてあげることができる。

一九三七年暮、上海派遣軍は慰安所設置を決め、「慰安婦」集めを業者に要請し、業者は内地や朝鮮半島で女性を集めた。しかし、軍が慰安所を設置する方針が内地で徹底していなかったため、国内各地で女性を集めていた業者が警察に取り調べられる事態が起きている。その一つ、茨城県水戸市で女性を集めていた神戸市の貸し座敷業大内が携帯していた「契約證」は、稼業年限を定め、契約金を支払い、慰安所での収入＝「賞與金」は「揚高ノ一割」で、その内半額は貯金すること、食費・衣装・消耗品は抱主が負担し、契約年限の途中で解約する場合は、元金残額違約金及抱入当時の諸費用一切を即時支払うこと、などとなっている。また、契約にあたって、以下のような「条件」を示していたケースもあったようだ。

一、契約年限　　満二カ年

一、前借金　　　　　五百円ヨリ千円迄
　　　　　　　　　　但シ前借金ノ内二割ヲ控除シ身付金及乗込費ニ充當ス
一、年齢　　　　　　満十六才ヨリ三十才迄
一、身体壮健ニシテ親権者ノ承諾を要ス　但シ養女籍ニ在ル者ハ実家の承諾ナキモ差支ナシ
一、前借金返済方法ハ年限完了ト同時ニ消滅ス　即チ年期中仮令病気休業スルトモ年期満了ト同時前借金ハ完済ス
　　　　略
一、精算ハ稼高ノ一割ヲ本人所得トシ毎月支給ス
一、年期無事満了ノ場合ハ本人稼高ニ應シ應分ノ慰労金ヲ支給ス
一、衣類、寝具食料入浴料医療費ハ抱主負担トス

これを見ると、未成年も募集対象となっており、違法行為を無視した募集が堂々と行われていたということになる。ここに書かれたことが実行されたかは不明だが、例えば契約期間の途中で病気休業しても、前借金は年限完了と共に消滅するとあり、仮に一〇〇〇円の前借金があっても契約期間の二年が過ぎれば借金が残っていたとしても返済義務は終わり、自由の身になれたということなのか。そうであれば、借金に苦しんでいた遊廓の女性であれ貧困家庭の娘であれ、「二年我慢すれば」と考え募集に応じたとしても不思議ではない。

一年の契約でトラック島に行った鈴本文は「一カ月から三カ月ぐらいで借金が抜け、後は稼ぎ放題」

「五、六〇〇〇円、一万円はざらで、三万円も貯金している者もいた」「帰国したときに、借金を返したあと一万円くらい残った」と語っており、徴集の一部（一時期）に「契約」があったことは日本人「慰安婦」の特徴であると言えるが、契約自体が履行されなければ騙しによる連行に他ならない。加えて、これを一般の状況と見ることはできない。

チチハルの慰安所にいた日本人「慰安婦」についてある日本兵は、「日本から売られてきた彼女たちの売値は百円ぐらいだったが…借金は一向に減らない。骨の髄まで絞られるような仕組みになっていた」と回想しており(18)、内地の遊廓と似たような悲惨な状況であったことが浮かび上がってくる。この場合一〇〇円で売られた女性は遊廓からの転身ではなく、貧困家庭の犠牲になって売られた娘ではないかと思われ、前出のような契約書があったとは考えにくい。そもそも一〇〇円という金額自体、鞍替え女性と比べてあまりに安い（嶋田美子・笹原フジ＝一〇〇〇円、鈴本文＝二三〇〇円、山内馨子＝四〇〇〇円、水野イク＝二〇〇〇円）。台湾の馬公にある「海軍御用」の札をかけた慰安所にいった城田すず子は「半年ぐらい働いても、借金は全く減ら」なかったという。たとえ日本人「慰安婦」であっても、すぐに借金を完済し、多額の貯金を得て帰国した山内・鈴本のケースは、限られた時期、限られたケースではなかったかと思われる。

二、民族格差と日本人「慰安婦」の精神支配

日本人「慰安婦」と朝鮮人「慰安婦」、中国人「慰安婦」が共にいる慰安所には、「慰安婦」間にラ

ンクが付けられていた（民族格差である）。例えば利用料金がある。独立攻城重砲兵第二大隊の常州駐屯間内務規定（一九三八年三月）では、内地人（日本人）二円、半島人（朝鮮人）一円五〇銭、支那人（中国人）一円とある。ちなみに将校はこの倍額であった。ラバウル慰安所利用料金は、下士官・将校の場合、日本人「慰安婦」は二円五〇銭、朝鮮人「慰安婦」は二円、兵は日本人「慰安婦」は二円、朝鮮人「慰安婦」は一円五〇銭となっており、日本人「慰安婦」を上位に、朝鮮人、中国人とランク付けされていたわけである。

日本人と朝鮮人の格差は処遇面にも見られる。治安が安定した地域の慰安所には日本人「慰安婦」も朝鮮人「慰安婦」も配置されたが、危険な前線に送られるのは主に朝鮮人「慰安婦」であった[19]。パラオの慰安所に行った水野イクは「大勢の客を取らされるのは朝鮮やクロンボの女やった」と語っている。過酷な環境に投げ込まれたのは現地人を含む朝鮮人「慰安婦」だった。

「慰安婦」に付けた序列は日本人「慰安婦」の優遇でもあったが、それは日本人「慰安婦」にどのような「効果」をもたらしたのか。単に同胞だから「よくしてやった」というわけではない。朝鮮・台湾を植民地支配していた当時、日本人を一等国民として、朝鮮人を二等国民、台湾人を三等国民としていた。同じ慰安所にいても日本人「慰安婦」は朝鮮人「慰安婦」より優遇されていたことは、日本人女性に持たせた帝国意識と言いかえることもできる。下には下がいるヒエラルキーは、差別をもって支配する統治の常套手段である。「特権の付与」は、日本人「慰安婦」に自らが受けている被差別・被害者性・女性差別を見えにくくする（＝被差別の目くらまし）不可視化的役割を果たしたのではないか。いわば日本人「慰安婦」に持たせた優越意識は、朝鮮人「慰安婦」に向けられた差別・蔑視と裏表一体で、民族格差という形での特権の付与は日本人「慰安婦」自身に向けられた被差別の目くらましとして機能したのではないかと思うのである。

ここで、一つのエピソードを紹介する。ラバウルの慰安所で二人の「慰安婦」が妊娠した。一人は軍医が気がついたときにはすでに妊娠五カ月になっていた。「彼女たちは中絶させられることになったが、その直前、空襲で病院が吹き飛ばされ、二人は輸送船で内地に送還された」という。[20] 水野イクも、慰安所で妊娠が分かり帰国した。[21] 朝鮮人「慰安婦」や占領地の女性が慰安所で妊娠した場合、無理矢理中絶させられたり、出産まで「慰安婦」を強いられたり、出産しても子どもはどこかに連れて行かれ、帰国どころか「慰安婦」を止めることはできなかったという証言がほとんどで、妊娠を理由に帰国させてもらえたのはまれなケースといっていいだろう。

日本人「慰安婦」の場合、「処女だったから」という理由で帰国させてもらえたケースがある。騙されてトラック島の慰安所に送られてきた女性が、軍医の性病検診で「処女」であることが分かった。そこで「何とか助けてやりたいと皆でお金を出し合い、『慰安婦』ではなかったと証明する文書を持たせて内地に帰した」（第四海軍施設部第四艦隊施設部タイピストTさん）というのだ。

にわかに信じがたい話だが、似たような話を、トラック島にいた元甲板士官の男性が証言している。「私たちの慰安所の中に処女が二人いた。二人とも特殊看護婦という名に誘われて応募してきたのだが、仕事が慰安婦だということに気がついたのはトラック島に着いてからだった。この娘の嘆きようがあまりに激しく、さすがの甲板士官も同情して客を取らせなかった。これは代々の甲板士官の申し送り事項となり、処女を全うさせた」。[22] もしこれが朝鮮人女性であったならばどうだったろう。慰安所に連れてこられた朝鮮人「慰安婦」の場合、多くが未婚の未成年・少女であり、「処女」だから助けようというのであればほとんどが帰国させられたことになる。むしろ朝鮮人女性の場合は未成年の徴集が多く、このことは性病罹患の心配のない「処女」がターゲットにされたということだが、朝鮮人女性について、このような話を聞くことはない。このケースは、日本人だからあり得た「処遇」といえよう。

三、日本人「慰安婦」と家父長制イデオロギー

朝鮮半島では「若くて性病のない処女」が徴集の対象になったのに対して、日本人「慰安婦」は当初から公娼制度下の女性たちがターゲットになったことをどう考えたらいいのか？

一般の女性を「慰安婦」にした場合、戦地の慰安所で妹や恋人に遭遇すれば兵士たちの士気が落ちる。元日本兵の金子安次氏は慰安所に日本人女性がいるのを見て、「大和撫子がこんなところに来てこんな商売をしているなんて、お前は日本人の恥さらしだ(23)」と激怒したと語っている。戦記にも「日本人にとってせめてものなぐさめは、日本婦人が一人もまじっていなかったことである(24)」という回想があるが、慰安所に行く兵士にとって日本人女性が「慰安婦」であることは断じて許せなかったのだ。家父長制貞操イデオロギーに支配されていた男たちの「怒り」と「安堵」であるが、それだけではなく、日本人の一般女性が慰安所に動員されるというのでは、「聖戦」であることを信じて銃後を守っている留守家族、遺家族等への影響は計り知れない。「皇軍将兵」の信頼は失墜し、社会問題が惹起

するおそれは十分にあり、戦況にも影響するだろうことは当時の軍も考えたであろう。そこで目をつけたのが公娼制度下の女性であった。

公娼制度下の女性であれば問題ないという考え方は、女性の価値を貞淑・貞操・処女性を踏み絵として産む性の女性と快楽の性の女性を分断することを「是」とする。強かん防止に性の防波堤は必要であるという発想が、「性の防波堤」になってもいい女を一般女性から分断して慰安所に送り込んだのである。

四、日本人「慰安婦」とナショナリズム

日本人「慰安婦」の手記等に、「慰安婦」になったことを「お国のため」と誇りに思っていたことが見受けられる記述を目にする。募集のときに「男は兵隊として頑張っておるのだから、貴様たち大和撫子は銃後でお国の役に立て」と言われ、その言葉が背中を押すことにもなった。沖縄の辻遊廓に行き、「慰安婦」になるよう辻遊廓の女性たちを前に部隊副官は、「御国のために奉公の誠を尽くさねばならない」「慰安所で兵隊たちを鼓舞してもらいたい。それが御国のためだ」と「慰安婦」になるよう演説したという（『汚名』野里洋、講談社）。

慰安所にいた時にも山内馨子は「死ねば軍人さんと同じに靖国神社へ入れてもらえる」と信じ、鈴本文も「戦死したら軍属として靖国に祀られる」と信じていた。「お国のため」は「愛国心」鼓舞であり、「靖国神社に祀られる」は、強烈な日本人意識と名誉意識をくすぐった。言うならばそれは、

支配原理としての「お国のため」であり、戦争ナショナリズムは日本社会で疎外されてきた女性の強烈なコンプレックスに付け込んだといえる。

しかしそれは、一方では威嚇装置として機能することとなる。先に、戦地で軍属女性が「慰安婦」にされたケースとしてサンフェルナンドの事例を紹介した。二三人のタイピスト女性が偕行社の「慰安婦」になったのは、副官に「偕行社は栄誉ある帝国陸軍将校のクラブであり、そこで働くのはジャワ島で働くのと同じお国のためになる。そこのところを考えるのだ」と迫られたからだ。戦地で遭難し救助された状況で、「お国のため」を持ち出された女性たちに拒否する選択肢はなかった。弱い立場の女性たちに突き付けられた「お国のため」は、日本人女性を「慰安婦」にしていく時にしばしば使われた「権力」であった。

公娼制度下の女性たちが慰安所に行った理由として借金返済の手段という点を紹介してきたが、それだけではない。彼女たちの背中を押したのは「お国のため」「死ねば靖国神社に祀られる」という言葉だった。山内馨子は「男は兵隊として頑張っておるのだから、貴様たち大和撫子は銃後でお国の役に立て」と言われ、鈴本文は「死ねば軍人さんと同じに靖国神社へ入れてもらえる」と言われた。「私も日本の女です。捕虜になるくらいなら、今ここで殺してください。私は靖国神社に行きたいのです(25)」、「慰安婦のどれに聞いても『私たちはお国のため働くのだ。ほんのわずかでも兵隊さんの助けになれば……』と言っていました(26)」などの証言からも、「お国のため」というナショナリズムで自尊心を奮い立たされ「慰安婦」にさせられていったことは、日本人「慰安婦」の大きな特徴である。

「お国のため」が「慰安婦」にさせるための抑圧装置として機能したサンフェルナンドのケースは

特殊な例だったということはできない。沖縄の辻遊廓に「慰安婦」の募集に来た副官は「慰安所で兵隊たちを鼓舞してもらいたい。御国のためだ[27]」と演説したと、第二六代沖縄県知事泉守紀氏は回想する。多くの尾類《ジュリ》が拒否したものの、結局は五〇〇名が慰安所に送られた。

五、「性の防波堤」論に内在する功績論と生贄論

しばしば日本人「慰安婦」を美化・称賛する言葉を目にする。拉孟守備隊で兵士とともに日本人「慰安婦」が死んでいった(「玉砕」)ことについて千田夏光氏は、「死を選んだところに、彼女らなりの愛国心と忠義心を見た[28]」と述べている。将兵とともに「玉砕」することを選んだ「慰安婦」を「軍国美談」として捉えたわけだが、日本人「慰安婦」に対する「感謝」や「愛国心」「忠義心」の賛美は、現在における「慰安婦」政策の評価と無関係ではない。

二〇一三年の沖縄慰霊の日に橋下徹大阪市長は、「(戦後)沖縄の女性が防波堤となり進駐軍のレイプを食い止めてくれていた」(六月二十三日)と言い、「沖縄の女性が一生懸命頑張った」「そういう女性たちに感謝の念を表して……」(七月五日)と、性の防波堤に感謝する言葉を公然と述べ反発を買ったが、これもまた「慰安婦美化」と同質である。

こうした考え方は、日本人「慰安婦」に対する「功績」論にも合流する。「日本人『慰安婦』を恩給対象にすべきだ」とする声や、「移送中に銃撃で死亡した『慰安婦』を準軍属の身分にして、それに功績を与えようとする書類を綴り上申した」「終戦の直前に多くの慰安婦たちは病院の看護婦とな

り、また準軍属として何らかの恩恵を受けるように手続きされたと聞いている」[29]といった回想にも、「慰安婦」を戦争遂行のために功労した女性という「評価」が見え隠れする。

「慰安婦」賛美は「慰安婦」功績論（＝戦争遂行に役立った）に取り込まれ、「慰安婦」必要論を支える思想的・体験的支柱の骨格となる。このような「必要論」は紛れもなく権力者の発想であり、「誰かが慰安婦になる」ことを前提にした、いわば女性の二分化を必須要件とした「性の防波堤」是認論である。いうなれば、女性の中に設えた差別と分断を足場にした「人柱」論なのだ。

敗戦の直前、「満州」ではソ連軍が参戦し、在留邦人は大混乱となった。粗暴なソ連兵が来たら日本人女性は強かんされるとの懸念は深刻で、邦人たちは日本人「慰安婦」に、日本人女性をソ連兵の強かんから守る防波堤になるよう求めた。例えば安東ではソ連兵から日本人の婦女を守るため、「犠牲になってもらう女性たち」＝「女子特攻隊」編成の相談が日本人「慰安婦」にもちかけられた。日本人「慰安婦」は、「敗戦で世の中が変わって、ようやく借金を解かれて自由の身になり、夢にまで見た素人に戻れてありがたいと思ってい」たのに「もう一度泥水をかぶれというのか」と嘆いたが、結局十三名が名乗り出ざるを得なかった。[30]これを「自らの意志」と呼び、後に「尊い犠牲」と褒めたたえるのであろうか？

六、日本人「慰安婦」と日本兵の戦後の関係

戦後、日本兵と日本人「慰安婦」の「関係」が途切れていなかったというのも、日本人「慰安婦」

に見られる大きな特徴であろう。嶋田美子は一九三九年から四四年夏までの五年間、中国東北のソ満国境の部隊の慰安所にいた。同じ部隊の兵士と五年間を共にした嶋田はその関係を「夫婦以上に夫婦だったのかもしれません[31]」と回想する。朝鮮人女性からは到底聞くことのない言葉である。

部隊はその後南方に移動していったが、戦後の一九四九年に筑豊地区にいる戦友が三〇人ほど集まって開いた戦友会に嶋田も招待された。その後、嶋田は毎年戦友会に出席し、五十九歳になった証言当時もまだ、戦友会への参加は続いていた。

嶋田は、一九三四年（二十一歳）に炭鉱町の銘酒屋に売られて以来、故郷に一度も帰ったことがない理由を、「体を売った女は二度と故郷の家には帰れません。いや、帰りません。昭和九年以来、母とも兄弟とも音信をしていません」と語る。だからこそ「この集まりは私たちの救い」であったのだとも。

嶋田は、「慰安婦」であったことを周囲に隠しに隠して生きてきた。身勝手な社会の性規範に翻弄され、多くの女性が「慰安婦」であったことを隠して生きてきた。自分を銘酒屋に売った親にも兄弟にも会うことはなかった嶋田が元日本兵に会うことを「救い」だったと言うそこに、国家から社会から棄てられ見放された孤独な女性の、自分の存在を認めてくれる者にだけ心を許せる「生き場」を見る。彼女の中に、元日本兵の中に、あの戦争を共に戦った「絆意識」があるのだろうか。この関係こそ、日本人「慰安婦」の最たる特徴なのかもしれない。

おわりに——戦後の沈黙

九〇年代になり、アジア各地で「慰安婦」被害にあった女性たちが姿を現し、名乗り、過去の体験を語り始めたが、日本人女性で「慰安婦」だったとカムアウトする人は少ない。前述のように、これまで顔を現し公的に名乗り出たのは城田すず子さん(32)くらいで、本著で紹介した女性たちも活字の証言であり、姿を現して公の場で語っているわけではない。それは「体を売った女は二度と故郷の家には帰れない」という嶋田が生きた日本社会に充満する、「不特定多数の男と関係を持った女」への差別・偏見・蔑視目線と無関係ではない。敗戦直前、ソ連参戦で中国東北地方にいた邦人女性の中にはソ連兵に強かんされる被害が続出した。そうした被害女性の沈黙について、小林よしのり氏はかつてこのように語った。

「〔ソ連兵に強かんされ〕身ごもった〔日本人〕女性は自決したり博多の引き揚げ者収容所で中絶したりしたらしい。しかし、これらの日本女性はその後貝のように口を閉じ、決して語らず胸に秘め、その事実すらなかったかのようになっている。日本の女は凄い。わしはこのような日本の女を誇りに思う」「お国のため、家族のために戦ったじっちゃんたちを強かん魔にするのか」(『新ゴーマニズム宣言』)。

被害女性たちが未だに沈黙を破れないのは、こうした社会的蔑視の抑圧が、未だ根強いからだろう。

鈴本文は、「ウチは慰安婦だったことは隠さないかんしね。こないこと知られたら主人の兄弟や親せきから何と言われるか……」「日本に帰ってからのほうがつらい毎日だった」と語っているが、鈴本文や山内馨子の証言からも、彼女たちが戦後、過去のことは決して口にせず、「過去をひた隠す生活」であったことがわかる。経済的にも安定せず、「男」にも恵まれず、「つらい毎日」であったが、彼女たちの沈黙の底には、「慰安婦」であった過去を「恥ずかしい過去」と受け止め、社会からは性規範の逸脱者とみなされることを恐れていたのではないか。沈黙には畏怖だけでなく強烈な「恥意識」（社会規範で迫られる自己否定）と、戦時下ではもてはやされたのに戦後は切り捨てられた（二重規範で梯子を外された）ことへの怒りと絶望が混在する。沖縄で「慰安婦」にされた辻遊廓の女性の場合、必要な時には「お国のために慰安婦になれ」と愛国心を盾にされ、戦後は「お前たち遊女は、社会の不道徳によって出来上がった売春婦なのだ。沖縄の恥をさらすな」[33]「沖縄の恥」と蔑視され、行き場のない戦後。「慰安婦」の時は「お国のため」と煽られ差別が見えにくくされるなか、ある種の自己肯定感すら持たされた女性たちも、戦後、通常の生活に戻るや蔑視と偏見に晒され沈黙していくしかなかった。結局は捨て石にされ沈黙していったのは、日本人女性も植民地・占領地の被害女性も同じだった。

このように、「お国のために身を呈した女」は戦後、「ふしだら」という性規範（家父長制的セクシャリティ認識）を規定する「社会道徳」の名の下、歴史の暗部に押しやられていったのである。日本人「慰安婦」に沈黙を強いたのは、「性規範の逸脱者」という強烈な恥意識（作られた社会規範が突き付けてくる自己否定）と蔑視（社会での周縁化）だった。結局、前借金で慰安所に行った女性も、騙されて慰安所に行った女性も、ナショナリズムを押し付けられて「慰安婦」にされた女性も、「強かん神話」「性の防波堤神話」に利用されたのだ。中には「こんな体では帰れない」と、戦後も祖国に帰ることができないまま、戦地で戦後を生きた日本人女性もいる（西川幸さんのコラム参照）。

このように、日本人「慰安婦」を語る時、戦時ナショナリズムを抜きに「貧困」「身売り」「商行為」だけで彼女たちを語ることはできない。

日本人「慰安婦」は、公娼制度の女性であろうがなかろうが「慰安婦」になった経緯・前歴に関係なく、戦争遂行機関として慰安所制度を推し進めた国家と日本軍の犠牲者、国家による「棄民」なのである。

(注)

(1)「いまも続く〝慰安婦戦友会〟の悲しみの秘録」『現代』一九七三年四月。
(2)「連載　玉の井娼婦伝」第六回第四話『現代』一九七四年四月。
(3)「夏島哀歌」『珊瑚礁』二〇号。
(4)「性の奴隷として生きた戦場の女たち」『週刊大衆』一九七〇年八月二十日。
(5)富沢繁『女たちの戦場よもやま物語』光人社。
(6)「性の奴隷として生きた戦場の女たち」『週刊大衆』一九七〇年八月二十日。
(7)『大審院刑事判例集』十六巻上、法曹会一九三八年。
(8)『証言・日本軍「慰安婦」――ダイヤル110番の記録』日朝協会、二〇〇五年。
(9)「従軍慰安婦についての想い出」『珊瑚礁』三一号。
(10)「撃沈された女子軍属たちが集団慰安婦に堕ちるまでの戦争体験」『週刊新潮』一九七四年八月二十二日。
(11)将校は少尉以上の軍人。下士官の階級は将校（士官）の下で、兵を統率する。
(12)広田和子「トラック島の従軍慰安婦　芸者『菊丸』」『別冊歴史読本特別増刊』一九九四年二月二十四日。

(13)(12)に同じ。
(14)広田和子『証言記録　従軍慰安婦・看護婦――戦場に生きた女の慟哭』新人物往来社、一九七五年。
(15)西野瑠美子・金富子責任編集、女たちの戦争と平和資料館編『未来への記憶――アジア「慰安婦」証言集Ⅰ』明石書店二〇〇六年、同Ⅱ二〇一〇年。
(16)心理作戦班日本人捕虜尋問報告四九号、一九四四年十月一日。
(17)慰安所（亜細亜会館、第一慰安所）規定送付の件（一九四二年十一月二十二日付、比軍政監部ビザヤ支部イロイロ出張所）。
(18)朝日新聞山形支局『聞き書き　ある憲兵の記録』朝日新聞社、一九八五年。
(19)金子安次「元日本兵の証言」「慰安婦」問題ｗｅｂサイト“Fight for Justice” http://fightforjustice.info/
(20)(5)に同じ。
(21)宮下忠子『赤いコートの女』明石書店、二〇〇八年。
(22)(19)に同じ。
(23)(12)に同じ。
(24)竹森一男『兵士の現代史』時事通信社、一九七三年。
(25)吉田重紀『グアム島玉砕の記録――慟哭の孤島』廣済堂出版、一九八一年。
(26)「性の奴隷として生きた戦場の女たち」『週刊大衆』一九七〇年八月二十日。
(27)野里洋『汚名――第二十六代沖縄県知事泉守紀』講談社、一九九三年。
(28)千田夏光『従軍慰安婦』三一書房、一九七八年。
(29)佐藤基『椰子の実――私の従軍回想録』けやきの街出版、一九八五年。
(30)長瀬正枝『お町さん』かのう書房、一九八六年。
(31)「いまも続く〝慰安婦戦友会〟の悲しみの秘録」『現代』一九七四年四月。
(32)城田すず子『マリアの賛歌』かにた出版部、一九七一年。

(33) 上原栄子『辻の華』戦後篇 上 時事通信社、一九八九年。

書籍・雑誌にみる日本人「慰安婦」

「慰安婦」にされた日本人女性で公的に証言したり、その体験を出版しているのは城田すず子さんだけで、ましてや公的に謝罪・補償を訴え出た女性は今日に至るまで存在しない。しかし、ルポルタージュや本人の書いた手記など、「慰安婦」だった日本人女性が自ら語ったライフ・ヒストリーは、実は多数存在する。ここでは、それらの中から、現時点でそのライフ・ヒストリーがはっきりとわかる十人をとりあげ、その概略を、①遊廓に売られるまでの経緯、②「慰安婦」になった経緯、③慰安所での待遇、といった三点にそってまとめた。各論文を読む際に参照してもらいたい。

山内馨子（菊丸）

一九二五年、青森県で生まれた山内馨子（源氏名菊丸）は、函館で育ったが、一九三四年の函館大火をきっかけに青森に移り、東北大凶作の際、満十歳で東京大塚において芸者の「仕込みっ子」になった。前借金三〇〇円で十年契約だった。十六歳で一旦北海道に帰ったが、借金返済のため再び芸者になった。

借金は増える一方であった。あるとき、置屋の借金を軍が肩代わりしてくれると聞き（借金は四〇〇〇円）、「慰安婦」になることを決めた。「御国のためよ。誰かが行かなきゃならないものだし、行かせて」と父の反対を振り切り、一九四二年、トラック島へ渡航した。二年間「慰安婦」として働けば解放され、貯金もでき、幸せな家庭を持てるという夢を抱き、約一〇〇名近い女性たちと横浜港から渡航した。

トラック島では、慰安所の建物ができるまでの一週間は沖縄人経営のクラブ『南海』にいた。馨子は士官用「慰安婦」となり、一日一人の相手をすればよく、一日に何十人もの兵隊を相手にしなければならないことのある一般兵隊用の「慰安婦」と比べれば、その待遇は恵まれていた。士官用「慰安婦」は、士官と同等の食事（赤飯の缶詰、肉、野菜、果物）を与えられ、日用品（ちり紙、便せん、封筒、ハンカチ、石鹸、脱脂綿、煙草「光」など）は一カ月に一度配給された。週に一度病院で性病検査を受けた。トラック島には「慰安婦」約一〇〇名（うち、少尉以上の士官用が三三名）がおり、慰安所はうなぎの寝床のような細長い部屋が並んだものだった。六畳間、四畳のベランダ、一間の床の間、押入れがあった。契約は一年半で海軍省が経営しており、働いたお金は四分が自分の取り分で六分が海軍省だったという。往路の船では「特殊看護婦」と呼ばれて〝軍属扱い〟され、死ねば靖国神社に祀られると信じていた。

【出典】

「戦場の芸者・菊丸が26年目に明かす波乱の人生」『アサヒ芸能』一九七一年八月十二日。

「告白！ 戦争慰安婦が生きた忍従の28年」『アサヒ芸能』一九七三年八月十二日。

広田和子「トラック島の従軍慰安婦 芸者『菊丸』」『別冊歴史読本戦記シリーズ第25巻 女性たちの太平洋戦争』新人物往来社、一九九四年。

広田和子『証言記録 従軍慰安婦・看護婦――戦場に生きた女の慟哭』新人物往来社、一九七五年。

鈴本文（仮名）

一九二四年に志摩半島の半農半漁の村に、九人兄弟の長女として生まれた。漁師だった父親は「飲む打つ買う」の遊び人だった。一九三一年、七歳で父親の借金五〇円のために三重県津市の乙部の花街に売られたが、小さすぎるという理由で帰され、再び静岡県の藤枝に売られた。学校に行けないことが辛かった文はそこを逃げ出したが、父親に暴力を振るわれて連れ戻され、父のわずか五円の借金のために、今度は大阪の築港の小料理屋に売られた。一九三九年には三重県熊野市の芸者置屋に売られ、十代半ばで「水揚げ」された。その芸妓置屋には三年近くいた。

一九四二年三月、芸者だった十八歳のときに南方の前線基地で働けば借金を返せると誘われた。「二十歳になるまでにはこんなところからはどんなことがあっても足洗わな」と思っていた文は、厳しい環境であることを承知で南方に行くことにした。軍が前借金二三〇〇円の肩代わりをしてくれ、戦死したら軍属として靖国に祀られると言い聞かされていた文は、コンプレックスはなく「慰安婦」となった。四〇人近い福原遊廓や大阪の娘たちと一緒にトラック島の夏島に渡航させられ、「慰安所」に入れられ、そのうち二、三人が士官用「慰安婦」になった。文は一年契約の約束で一般兵隊用の軍直属の「慰安婦」となった。

到着翌日から兵士たちがやって来た。暑いのでシュミーズ一枚で、ネッカチーフの鉢巻を締め、朝十時から次々に兵士を受け入れて、一人終わると手洗いに駆け込んで洗浄するという生活だった。兵隊一人一時間というとりきめを、実際には四十分くらいに短縮して大勢の兵隊の相手をこなした。毎週一回性病検査があった。避妊具はコンドームで、妊娠はしなかった。馴染の客には時間を延ばしてもらって、休ませてもらうこともあった。一九四三年十二月末に横須賀港に帰国した。軍に肩代わりしてもらった前借金二三〇〇円を返済してもなお、一万円の稼ぎが残った。

【出典】
「告白！　戦争慰安婦が生きた忍従の28年」『アサヒ芸能』一九七三年八月十二日。
広田和子『証言記録　従軍慰安婦・看護婦――戦場に生きた女の慟哭』新人物往来社、一九七五年。

嶋田美子（仮名）

一九一三（大正二）年、筑豊の農家に生まれ育った嶋田美子は、貧困のため、一九三四年に炭鉱町の銘酒屋に売られたが、借金が減らないため、隣町の銘酒屋に移された。

一九三八年、福岡歩兵第二四連隊に関係しているという男が「お国のためになる仕事」を、一〇〇〇円の前借をさせるからやらないかと勧誘にやって来た。前借金を返せるということに心惹かれ、美子は、翌年（一九三九年）の夏、違う男の勧誘に応じて、「満州」に行くことにした。部隊は福岡北部の兵隊ばかりという話であった。輸送船で渡航した。

美子が入れられた慰安所は、ソ満国境の寒村に位置し、軍直営の慰安所ではなかった。兵隊約三五〇〇人に対して「慰安婦は」十六人しか存在せず、将校は「お前たちは軍人でも軍属でもない、軍需品」だと言い放った。前借金は一年半で返済することができたが、美子は軍から離れる気にはなれなかった。二四連隊が転戦するに際し、美子たちは、「君たちは連れていかれない。今度の行き先は戦場だ。兵隊たちも君たちを死地には同行させたくないと考えているようだ。幸い前借もないようだから、故郷へ帰るなり別の働き口を見つけなさい」と言われ、泣いた。

【出典】
「いまも続く〝慰安婦戦友会〟の悲しみの秘録」『現代』一九七二年四月。

高島順子（仮名）

一九一四年、山形県の寒村に生まれた高島順子は、一九三一年、十七歳のときに山形県内の周旋屋によって、七〇〇円で玉の井の私娼街に売られた。手数料、飲食費、衣料費が加算され、前借金はすぐに一〇〇〇円になった。

一九三七年十一月、玉の井銘酒屋組合長の国井茂は陸軍省に呼び出され、「軍の慰安のために接待婦」を至急集めて戦地へ渡り、慰安施設を開設するよう要求された。表向きは業者の自主経営にするようにということだった。国井は女の借金を肩代わりし、その上前借りさせることを条件に、周旋屋に女集めを依頼した。順子は弟の手術のために金が必要だったので、その時働いていた店にしていた約五〇〇円の前借金に一五〇〇円を加え、合わせて二〇〇〇円の前借金を貰うことで「慰安婦」募集に志願した。長崎の埠頭から上海へ向かい、女性たちは三班に編成され、軍用トラックで上海周辺地区の呉淞、南翔、南市に連れて行かれた。玉の井から来た女たちは南市で開業することになった。

上海の慰安所は小部屋が十五室、食堂、浴室、水洗式便所が五つある洋館だった。着いた日に軍医の検診を受け、翌日が店開きだった。朝八時に食事をとり、九時営業開始で、外には兵隊が何十人も列を作っていた。兵隊たちは係の兵隊に料金二円を払っていた。十九時には入浴と夕食、十九時～二十一時の間は将校の相手をした。兵隊は一人三十分以内の時間制限があるが、ほとんどが十～十五分で切り上げ、「慰安婦」は一日に一人平均十五人の客を取った。収入は本人と主人と折半で、女たちは一～三カ月で借金を完済することができた。稼ぎの清算は五日目ごとに行われ、順子は稼ぎ頭だった。

【出典】
大林清「従軍慰安婦第一号順子の場合」『現代』一九七四年四月。
大林清「従軍慰安婦順子の上海慕情」『現代』一九七四年五月。

笹栗フジ（慶子）

一九一六年生まれの慶子は、一九三三年、十七歳のときに、福岡の私娼窟大浜遊廓「朝富士楼」に売られた。借金は年々増えて六九円になったが、お客だった倉光武夫が、性病をうつされたおかげで召集を免れることができたという理由でお礼にくれた七〇円で自由の身になることができた。しかし故郷には帰れず、そのまま遊廓に身を置いた。倉光は福岡歩兵一二四連隊に入隊して南京に向かった。

一二四連隊の軍属で兵站司令部勤務も兼務する御用商人・石橋徳太郎から福岡歩兵第一二四連隊の兵隊の相手にと勧誘され、恩人の倉光武夫に会えるかもしれないと思い、石橋の最初の応募者となり、前渡金一〇〇〇円を受け取った。一九三七年十二月、石橋が集めた十一人の朝鮮人、七人の日本人らとともに、長崎から陸軍徴用輸送船「海運丸」で中国に渡り、性病検査後に陸軍娯楽所で接客を始めた。朝鮮人は全員九州の炭鉱から集められた生娘たち、日本人は娼婦で三十歳すぎや四十歳の人もいた。

一九三八年一月から一九四五年八月にビルマの捕虜収容所に到着するまでの足掛け八年間に及ぶ「慰安婦」生活を送った。ずっと福岡の歩兵一二四連隊の兵隊に付き添ったが、一二四連隊が留守のときは他の部隊の相手をさせられた。長崎を出てから三、四カ月で十八人とも前借金一〇〇〇円分に加えて二〇〇円〜五〇〇円を稼いだ。連隊の移動に従って中国からベトナムのカムラン湾、ボルネオ（ボンチアナ）、ルソン島、セブ島、ミンダナオ島、フィリピンのパラオ島、フィジー、サモア諸島、ラバウル、ベトナムのサイゴン港、メコン川を上ってタイ領内、ビルマを転々とした。最後はビルマのジャングルをさまよい、捕虜収容所に収容され、その病院で看護婦として働いた。


【出典】

千田夏光『従軍慰安婦・慶子』光文社、一九八一年。

水野イク

一九二〇（大正九）年、岩手県稗貫郡に生まれたイクは、親に捨てられ、水野長治に拾われて育てられた。一九二八年、口減らしのため、周旋屋を通して二〇円で子守奉公に出され、その後も何度も子守奉公に出されたが、一九三一年、育ての親リキの姉マサ夫婦の七〇〇円の借金のかたに会津柳津駅前の旅籠に売られ、十四歳のときに客の男に強かんされた。一九三七年には、荒川区の紙問屋で働き始めて一年後に主人に強かんされた。一九三八年、横浜伊勢佐木町の立ち飲み屋「はる屋」で働くうちに知りあった水野良介と結婚する。良介は働かず浮気を重ねるので、再び飲み屋で働き始め、初めて体を売ることとなる。一九四二年、娘を養女に出し、横浜の飲み屋で働いていたときに周旋屋に誘われ、二〇〇〇円の前借金で川崎遊廓で花魁になった。

一九四三年三月三十一日付けで川崎遊廓は廃止となった。イクは横浜に遊廓の親方を訪ね、「外国に働きに行く女を募集していると聞いてきた」と切り出した。親方はここから満州や南方に働きにいくのは、割烹料理店の芸者兼酌婦としてだが、それでもいいかと聞いた。イクは、戦地に行ったら遊廓で好きになった男に会えるかもしれないという思いもあり、「慰安婦」になることを決めた。親方に二〇〇〇円の前借金をし、一五〇〇円は遊廓に返し、残りは世話になった人へのお礼や自分の身支度金にした。パラオに行くには戸籍謄本と親の承諾書が必要だった。育ての親たちは反対した。イクは「お国のために働いて死んで帰ってくる」と押し切り、承諾書を書いてもらった。

パラオでは連隊の車が迎えに来るなど、待遇が良かった。イクはつるや旅館で働いたが、「えらい兵隊さんたちとどんちゃん騒ぎ」で、「一日に一人客を取れば良かった」。「大勢の客を取らされるのは朝鮮やクロンボの女やった」。「(朝鮮人「慰安婦」や現地出身の慰安婦が)血を流したの、失神したのという話はよく聞いたもんよ」とイクは言う。

一九四四年三月、臨月で帰国し、四月十三日、アパートで女児を出産したが、子どもは急死した。六月に今度はテニアンへ行った。「パラオでよかったことだけが思い出されてくる」とイクは言ったが、テニアンでも一日一人の客をとればよかった。テニアンでイクはまた妊娠し、その後米軍の捕虜になる。一九四五年五月十一日、女児を出産した。

【出典】
宮下忠子『思川――山谷に生きた女たち 貧困・性・暴力 もうひとつの戦後女性史』明石書店、二〇一〇年。

田中タミ(仮名)

一九二八年生れ(推定・出身地不明)の田中タミは、数え年六歳の際、両親が離婚し、弟とともに父に引き取られた。一九三八年、十一歳のときに父親によって大森の芸者の置屋に年季養女として売られた。二十歳までの契約だった。父は山師のような人で、次々に事業を興しては失敗した。その後、父は千葉県船橋海神町の遊廓大吉楼(仮名)にタミを転売し、置屋の前借金との差額を手に入れた。遊廓では当初小間使いとして働かされた。

一九四三年、千葉県の茂原に海軍の航空基地が完成すると、一九四四年秋、茂原に七軒の慰安所が建てられた。大吉楼も軍の要請を受け出店することになり、数え年十七歳になったタミは茂原に連れて行かれた。新しい店は船橋と同じ大吉楼の名を使った。七軒の慰安所にはそれぞれ六、七人ほど同じ年頃の若い娘が集められた。

タミは一刻も早く慰安所から抜け出したくて、稼ぎ高から日常経費を差し引かれた〝戻し〟もすべて返済に充て、帳簿を見せてもらっては借金の額が減るのを楽しみにしていた。他の六軒では、やりて婆のいいなりに軍人の相手をしなければならなかったが、タミの店の主人は嫌な客を拒むのを多少大目に見ていた。大吉楼では風呂場とは別に接客後の洗浄をするお湯の出る蛇口を数個用意していた。性病検査は町の医院で行われ、罹患者が出るとすぐに軍に慰安所名と源氏名が伝達された。慰安所の女たちは一般の遊廓の女や私娼などとは区別され、お国のために身を挺して働いている娘たちだと言われた。近くの農家などでは「お国のためにねえ……ご苦労なされて」とねぎらわれた。また、谷垣康弘近衛師団野砲連隊上等兵（元勅令憲兵）は九十九里浜沿岸地域の情報を入手するために慰安婦を手なずけて利用していた。

【出典】
川田文子『皇軍慰安所の女たち』筑摩書房、一九九三年。

高梨タカ

一九〇四年八月に品川で生まれた高梨タカの父親は博打場の代貸しで、五歳までは若い衆・女中のいる裕福な暮らしだった。しかし一九一三年一月、九歳のときに工場で働かされ始め、十一歳になると、脳性梅毒の父、喘息の母、妹の面倒をみるために奉公に出て、早朝から深夜まで働いた。

そして、十四歳で渋谷の芸者屋に、十九歳で高崎市柳川町の「パンパン屋」に売られた。その間、結婚して子どもができるが離婚した。極貧生活のなか、二十四歳のとき、娘のために州崎遊廓に身売りした。前借金八〇〇円だったが、そのうち五〇〇円を叔父に渡した。一九三二年二十八歳で、「自分しか頼れない。死んだ気になって南洋で稼ぐ」と決意し、サイパン島に渡航した。タカは「トキワ」という料理屋の一番汚い三畳間で商売を始めた。「泊まり」は五円、「遊び」は三円だった。

一九三九年夏、三十六歳で南京に渡航し、「暁」という料理屋で将校用の「慰安婦」となったが、タカにとっては「料理屋」と「慰安所」の区別がなく、彼女にとっては総てが「パンパン屋」と認識されていた。日本人は偉そうに威張って暮らしており、悪いところがたくさんあったとタカは述べている。四、五カ月で「暁」を辞めて「松竹」に移った。

「暁」では、大隊長三人がタカの客となった。一九四〇年の終わりには、朝鮮の「北鎮」に行く。零下三〇~四〇度の極寒だった。一九四二年にはセレベス・マカッサルに行き、「杉野屋」で兵隊用の「慰安婦」となる。軍人から、「コメミソショウユスグオクレ」(「米」=日本人「慰安婦」、「味噌」=朝鮮人「慰安婦」、「醬油」=台湾人「慰安婦」)という言葉を教わった。また、「ニクイチ」(兵隊二九人に対し「慰安婦」一人をあてがう)が目標だったと聞かされた。オランダ人を追い払った建物を慰安所にしており、七、八部屋あった。金曜日には、集められて軍医の検査を受けた。性器にガラス棒を差し込み付着した粘液の反応を見るのだった。軍の命令だった。

【出典】
玉井紀子『日の丸を腰に巻いて——鉄火娼婦・高梨タカ一代記』現代史出版会、一九八四年

城田すず子（仮名）

城田すず子は一九二一年に東京下町でパン屋を経営していた両親のもとに生まれた。親せきの借金の保証人になったために差し押さえを受けたこと、父親の事業の失敗などが重なり、すず子は十七歳で、芸者屋に売られた。最初の性交渉（水揚げ）の相手から性病を感染させられ、病気が悪化して働けなくなると横浜の遊廓に娼妓として転売された。

借金を返すためには海外に行くほかないと言われ、十八歳で日本の植民地だった台湾に渡り、海軍の軍港があった澎湖島の馬公で兵隊の相手をした。このときの前借金は二五〇〇円だった。

馬公には、「海軍御用」の札をかけた娼家が二〇軒ほどあり、娼妓の鑑札をもらうため軍医による性病検診を受けた。土日になると兵隊たちが詰めかけ、一人の女に十〜十五人がたかることもあった。外出には楼主の許可証と派出所の鑑札が必要だった。半年ぐらい働いても、借金は全く減らないため、客の一人に頼みこんで借金を返済してもらって帰国した。しかし、実家の貧困などのために、横浜の芸娼妓周旋業に頼み込んで三〇〇〇円の前借金を借り、南洋群島のサイパン島へ渡った。その後、トラック島・夏島の海軍慰安所「見晴亭」に住み替えた。同地で身請けされ、戦火が迫るといったん日本に引揚げたが、自費でパラオへ渡航した。「特要隊」という名の「慰安婦」の女性たちの帳場を担当したが、戦火の中を逃げまどい、遊廓の主人の「三号」となって、戦後、日本へ引揚げた。

【出典】
『マリヤの讃歌』日本キリスト教団出版局、一九七一年。

上原栄子（上原かめ）

一九一五年六月、沖縄本島に生まれた上原栄子は、一九一九年、四歳の時に母の病気の治療費のため、継父により辻遊廓に十九円五〇銭で売られた。

一九四四年十月十日の大空襲で辻遊廓は全焼した。栄子は、「性の歓びを与えてくれた与那原の将校に会いたいと牛島閣下に申し出」、トラックで第三二軍本部に連れて行かれた。その後、先着の若藤楼の姐たちを残し、「従軍看護婦」という名目で栄子らは真和志村字識名の上間村の給水部隊に配置された。「〇〇部隊慰安所」という名称だった。

慰安所での生活については、上原栄子はほとんど語っていない。一九四五年三月二十三日に艦砲射撃がはじまると、栄子ら「慰安婦」三〇人余に加え、宮司や何人かが識名の壕に退避したが、三人の「妓供《こども》」が亡くなった。軍の後退命令でトラックで移動し、栄子らは「遊女看護婦」となった。三〇人いた「妓供」は七、八人になった。六月二十三日、島尻の洞窟の井戸のような壕に身を潜めていた時、毒ガスが投げ込まれた。助けを求めて壕を飛び出したところで四、五人の米兵につかまって女性たちは強かんされたのち、捕虜となり、トラックで石川村（石川収容所）に連れて行かれた。

【出典】

上原栄子『辻の華――くるわのおんなたち』時事通信社。一九七六年。

『辻の華』戦後篇　上、時事通信社、一九八九年。

まとめ・整理：山田恵子・吉池俊子・山口明子

慰安所業者の聞き取りから

石橋菜穂子

「今の若い女の子の『ウリ』と昔の遊廓の子たちを比べたら、今は一〇〇人のうち九九人は自分のためのだらしのない生活を送るためのものであるが、昔は、一〇〇人のうち八〇人くらいが親のため、村のためであって、昔の日本はそれほど貧しかった」と、Yさんは話し始めた。

Yさんは一九一〇年六月十一日生まれで、兵庫県網干市の出身だ。私がYさんに初めて会った時、Yさんは八十九歳だったが、九十歳になろうかという年齢を感じさせない、何とも言えない艶っぽさがある人だった。

Yさんが遊廓の経営に関わるようになったのは十九歳の時だった。父方の叔父が手広く遊廓を経営していて、その下で働くこととなった。叔父さんは小さい時に養子にいったのでYさんとは姓が違っていたが、かわいがってくれたという。

Yさんの実家は結婚式を企画運営するような商売で、Yさんは「魚屋」と呼んでいた。式は一回三〜十円の報酬なので食うには困らなかったが、Yさんが尋常高等小学校二年生の時、叔父さんの家に遊びに行ったことが人生を変えることとなった。

叔母さんが帳簿をつけていたので覗いてみると何十円、何十円と書かれていた。当時にしてみればかなりいい収入だった。「こんな商売がいいなぁ」と憧れたが、Yさんの両親は、その商売に関わることを反対した。あきらめきれないYさんは親への反発を繰り返し、家を出た。家を出る時、母親は少しばかりの金（十円）をくれた。そのまま姫路城に行き、城北練兵場で一カ月間働いてもらった金と合わせて大阪までの汽車賃にあてた。

1、遊廓での修業

叔父さんが経営する主な遊廓は、大阪の松島を中心に十七軒ぐらいあった。大阪以外には神戸の福原、下関、韓国の釜山にもあった。当時叔父さんは大阪にいたが、訪ねてきたYさんには叔母さん側の親戚に任せていた福原遊廓の「松浦楼」に行かせた。松浦楼は三層の楼で実に大きく、当時、娼妓が一二〇人程度いたという。和風の廓建築の中に洋風の酒場という具合に、内装も大変豪華であった。松浦楼に送り込まれるとき、Yさんは叔父さんに、「赤の他人が十割のところ六割働いてくれれば本当にありがたいところだが、親戚の場合は十割のうち十二割働いてもちっともありがたいと思わないものだ。それでも辛抱できるか?」と言われたという。

叔父さんのところには将来遊廓経営を希望して働いていた人がYさんを含めて三人いた。五歳年上のMさんとだいぶ年上のNさん。Mさんはともかく Nさんは旧制中学校卒の人で大変頭の切れる人であった。要領もよいので叔父さんに大変かわいがられ、働き始めてすぐに大阪の松島遊廓で二番目に大きい「開成館」という遊廓を任されるようになった。姫路の田舎者であり、尋常高等小学校しか卒業していない自分が、こんなに賢い男に普通に勝負しても勝ち目はないと考えたYさんは、睡眠時間を三時間にしてひたすら働き、店を任される機会を待った。ところがその後意外な結末を迎えることになる。MさんもNさんも女性問題を起こしたのだ。Mさんは店の「商品」である一人の娼妓にのめりこみ、それが原因で叔父さんの元から追放された。賢かったNさんはもっとひどかった。Nさんは任された「開成館」の全ての娼妓と性関係をもってしまい、そのため娼家の秩序は乱れ、そのうえNさんは脳梅毒を患ってしまった。

2、仙楽荘時代

「この商売を元旦からやってみろ！　この家でやれ！」と言われて連れて行かれたのが、「開成館」であった。Nさんに愛想を尽かした叔父さんは、彼を追い出してその後継者にYさんを抜擢した。思わぬ幸運であった。「開成館」を「仙楽荘」に改め、Yさんは経営者としての生活を始めることとなった。仙楽荘は娼妓が四七人いる中堅の遊廓であった。

仙楽荘を任される前、Yさんには七万円という借金があった。七万円という額は、仙楽荘の一カ月の売り上げに相当する額であった。多額の借金を抱えて商売をすることは並大抵のことではなく、Nさんによって傾いた店の経営も大変苦しかった。

当時、娼妓たちは週一回の検梅に行かなければいけなかった。仙楽荘の娼妓が検査に行くのは天神祭りで有名な茨住吉にあった病院で、Yさんは病院の名前を忘れたと言っていたが、難波病院であると思われる(1)。性病検診では、必ず三、四人はひっかかった。異常が見つかれば即入院。そのため、健診から帰ってきた娼妓には、「ご苦労さん」と声かけをして、ごちそうしてやり気を紛らわすのが習慣だった。とはいえ食材を集めるのも大変で、近くを流れる安治川で市場が川に捨てた野菜をかき集め、まるで買ってきたような顔をしてごちそうを用意して娼妓に食べさせた。そうして商売が軌道に乗ってきたところで、戦争を迎えることになったのだ。

3、中国本土進出

戦争が本格化してくると商売を続けにくくなり、娼妓に国に帰るようすすめたが、「松浦楼」では半数以上の娼妓が帰郷することを拒んだため、仕方がないので海軍の施設隊があった神戸の高等商船学校（現在の商船大学）の近くにあった旅館を借りて娼妓たちを置いてやった。前借が片付いていないのに帰郷をすすめたのは、商売をさせずとも娼妓たちを旅館に置くだけで飲食税がかかるからだ。それでは店にとって丸損だ。だが娼妓が帰らないため、内地を離れ中国へ進出することに決めた。

当時「院外団」なる議会外の政党組織があった。Yさんは、この集団の副党首から中国での慰安所経営を依頼されたのである。実際は長谷川司令長官の指令であったとYさんは言っていた。軍の指令となれば何かと面倒なことになるので、委託のような形がとられたともYさんは述べている。

Yさんが言う「長谷川司令長官」であるが、Yさんの証言や当時の資料から長谷川清であることが推測される。[2] 長谷川清は一九三八年四月に横須賀鎮守府司令長官に就任しているが、その直前は支那方面艦隊司令長官兼第三艦隊司令長官として中国に派遣されていた。

長谷川が中国勤務を命じられたのは、七月に盧溝橋事件が発生し日中全面戦争が始まった年、一九三七年十月であった。Yさんや他の業者が中国での慰安所経営を依頼されたのは、日中戦争を控え事前の軍用「慰安所」準備であったことが考えられる。盧溝橋事件が起こった後、上海派遣軍は、西日本各地の遊廓業者に慰安所経営の要請を行った。飛田遊廓と松島遊廓に声がかかっているが、飛田は業者たちの寄合で相談した末この要請には応じず、松島遊廓側が「慰安所」の編成に携わったという。[3]そうした話が業者の間で飛び交う中、中国行きを決心したYさんは身辺を整理し、中国へ旅立った。

盧溝橋事件があって一週間ほどした七月中旬に一年契約でYさんが初めて足を踏み入れたのは上海の「四川路」の「上海華壇」であったという。のちの聞きとりで、「上海華壇」なるものは杭州にあったと証言している。いろいろと調べてみたが、Yさんのいう「上海花壇」なるものを見つけることはできなかった。「上海華壇」は中国における「慰安所」の事務所的な存在であったらしい。そこを拠点に周辺に「慰安所」を作り、あちこちと拡大していった。その規模は約三〇カ所で、中支・南支・満州・北支地域全域に作られたという。漢口慰安所の経営は、松島遊廓の杉本一家が中心となって行くことになり上海に出発している。[4]

彼らが上海に着いた九月は中国軍の抵抗が激しく続いており、とても商売どころではなかった。上海兵站監部からは一時待機を命ぜられ、その後杭州へ行き、柳川兵団の指示で郊外に将校クラブを開設した。武漢陥落が近づくと南京で待機させられ、十一月十七日に娼妓を引き連れて漢口に到着した。この時、松島遊廓から数名の業者と神戸福原遊廓から長谷川・新井・岩崎らも漢口慰安所があった積慶里に入っている。長谷川・新井については、福原遊廓で顔役として活躍していた「青柳楼」の宇津七郎が番頭として使っていた男の名であると、Yさんは証言している。

漢口慰安所は、山田清吉著『武漢兵站』[5]で詳細を知ることができる。内地の松島遊廓・福原遊廓の妓楼も本店にあやかった名でここに支店を出していた。妓楼は全部で十一軒。『武漢兵站』にある「漢口特殊慰安所要図」に、松浦楼の名前を確認することができる。同様に漢口特殊慰安所要図に名がある東成楼は長谷川と新井が共同経営となって慰安所を開設したものである[6]。

Yさんは一年契約だったが、老年の東成楼の新井を除く長谷川・杉本は一九四五（昭和二十）年頃まで軍属の資格を与えられ、内外地を行き来しながら漢口の慰安所に携わっている。積慶里では朝鮮人が経営する妓楼がいくつかあり、ここにいた「慰安婦」の数は内地人一五〇名、朝鮮人「慰安婦」は一五〇名とされており内地朝鮮混成型の慰安所であったそうだ。Yさんに朝鮮人「慰安婦」について尋ねると、いつも決まって機嫌が悪くなった。「自分は日本人は見たことがあるが、朝鮮人『慰安婦』などは見たことがない。中国の娼婦は見たことがある」と言っていた。

『武漢兵站』にある漢口特殊慰安所要図から、松浦楼の隣が朝鮮人の経営する慰安所であったことがわかる。Yさんが、全て日本人「慰安婦」であったとごまかしていた理由はわからない。

Yさんは、盧溝橋事件から一週間経った七月中旬に上海の地に三つの船団を組んで渡航した。「S」という陸戦隊隊長の先導した軍艦の後を、Yさんたちは給糧艦でついていったという。「慰安婦」は兵站が管理する軍事物資扱いであったから軍艦に乗ることは許されなかった。Yさんは、このSという男に手ひどい目にあわされたことがある。「盧溝橋事件以降中国では戦闘が続いていた。中国に渡ることなど初めての私たちは、陸に最初に揚げられることとなった。揚がったとたんバリバリ、バリバリと銃声が鳴り響き、驚いて近くの煉瓦造りの倉庫に逃げ込み三日三晩その中で息を殺して過ごした。その時は中国の戦場ではこのようなことが日常茶飯事であると聞かされた。しかし後になって自分たちが弾除けに使われたと聞いたときには言い表せない憤りを感じた」と話した。幸いこの攻撃は中国軍からの威嚇攻撃であったためYさんが連れてきた三〇人のうちにけが人は一人も出なかった。

『漢口慰安所』によると、積慶里は、一九三八年十一月に誕生しており、漢口陥落の十月頃にすぐにできたのは、朝鮮人が引き連れた一軒十人ほどの慰安所が四、五軒だった。日本の業者が開設する積慶里での慰安所は、陥落から約一カ月後であり、武漢陥落と共に上海や南京で待機していた売春業者らが、「慰安婦」を率いて続々と武漢を目指したという。彼らは派遣軍により軍需品扱いとして優先輸送された。記述から推察すれば、Yさんは一九三七年の七月中旬に上海に向かったとしているが、盧溝橋事件から一週間してから要請を受け、準備をして九月頃に上海へ渡ったのではないかと考えられる。また、松島遊廓の杉本一族とともに上海へ渡ったのではとも推測される。

一九三七年八月には第二次上海事変が起こり、九月頃は中国軍の抵抗が頑強を極め、戦線は膠着状態が続いていた。このような中では商売どころではなく、上海兵站監部からしばらく待機を命じられていた。杉本一団は一九三七年十月に兵站監部に杭州進出を命じられている。杭州の郊外に将校クラブを開設したと記述されていることから、Yさんの証言と一致している。その後武漢陥落が近づいたので、杉本一団は南京に呼び戻され待機していたが、上海からのぼってきた船団に便乗するよう命じられ、積慶里入りする。

私がYさんと杉本一家の関係にこだわるのは、「自分が直接中国で慰安所経営をしていたのではなく、自分に命令する支配人がおり、自分は『慰安婦』の世話係であった」という証言と松島遊廓の中心が杉本一族であったからだ。中堅の仙楽荘を経営していたYさんと関係がないわけがない。しかし、Yさんには「世話係のため詳しい命令系統などはよくわからない」とよく逃げられた。また、「定住していたわけではないので、『慰安婦』の中国での生活についてもよく知らない」とも言っていた。「慰安婦」の世話のために内地と中国の行き来を繰り返していたというわけだ。世話役の仕事は、生活必需品（衣類・足袋・コンドーム）の輸送、現地での斡旋であったという。中国へは長くて一、二カ月の滞在で、渡り方はさまざまであった。よく使ったのは朝鮮の釜山経由だった。あくまで世話役であまり経営に関与していないと言い張るこのあたりの証言は、聞き取りをしていてかなり二転三転した。上海へ渡った年月日にも積慶里が誕生した時と誤差があり、記憶の混乱が窺える。他にも中国でのことをこう語っている。「中国に入ってすぐに日本人の勝手仕放題さに呆れた。戦争という極限状態が兵隊たちの正気を失わせ、中国人への強かん、殺戮、略奪につながっていた。殺し合いによって正常な考えを失った兵隊たちに強かんされても中国の女たちが逃げなかったのは、逃げれば殺されることを知っていたからだ。治安を安定させるために内地から『慰安婦』を連れて行ったりもしたが、その絶対数が足りず、あぶれた兵隊たちが路上で強かんすることに拍車をかけてしまった」自分たちの必要性を正当化したかったのだろう。

はじめに三〇人ほど連れて行ったが、その後も「慰安婦」を集めに内地と中国を行き来した。からゆきのような無理強いや誘拐まがいのことをしなくても、経済的に貧困な地域、特に九州地方の農村や漁村に行けばすぐに用意できたという。

Yさんは九州へ娘を「買い」に行ったときのことを、こう話してくれた。娘の出身層は貧しい農村や漁村のものが多い。娘を売りたがっている家は入り口に戸はなく、破れたむしろか何かがかけてあり、薄暗くごみごみとした町はずれに多い。そのような家の大半は身売りの話に飛びつく。Yさんが直接現地に娘の「買い付け」に行くときは必ずその村の米屋を引き連れていった。現金での売買よりも、その日の食事に事欠く家は目先の米俵に弱い。その場で「この娘は米何俵」というやり取りが行われる。娘の商談が成立したら、女衒や楼主が来ている場合、娘の親がごちそうをしてもてなすことがしきたりとされていた。

貧しい家々のごちそうはさまざまであったが、特に驚いた料理は、「マムシごはん」であった。娘の代金の米を炊いて作った蛇のまぜごはん。おいしかったので作り方を訪ねた時、土間に連れて行かれ「マムシの残骸」を目にしたとき改めて貧しさを痛感した。普段Yさんは専属の紹介人を三人抱えていて、その三人は九州地方中心に娘を集めていた。集められた娘は六歳から九歳が最も多く取引された。十八歳を迎えるまで行儀見習いとし、ある程度の教養がなければYさんら楼主は高く買わないので、紹介人は学校にも通わせていた。

「慰安婦」として中国に渡る場合も内地同様の手続きが必要であり、前借がなければ中国へ渡ることができない。そのため年季が満了しても借金が返しきれないものが大勢いた。一年契約で中国へ渡ったYさんだが、契約を何度か延長している。

4、中国の慰安所システム

中国での移動慰安所は、まず各経営者に連れてこられた「慰安婦」が彼らによって五、六人ずつに分けられる。次にその五、六人が十人前後のグループに再編成され、このグループが兵隊とともに行動する。その際経営者は〇〇部隊という具合に表される。「自分と同じころに中国にいた森脇部隊の森脇という男は、以前は松浦楼で働いていてその後東京へ行った」と言っていた。この森脇なる人物は、山田盟子著『慰安婦たちの太平洋戦争』(7)の中で陸軍省から呼び出しを受け、軍のために中国で慰安所経営を委託された亀戸銘酒組合長・森脇幸二郎だと推察できる。

陸軍慰安所は、将校クラブ・幹部クラブ、下士官兵クラブ、短期工員と、三階級に分けられる。この三階級で構成された慰安所では階級以外の「慰安婦」を買うことは許されない。中国本土には海軍はほとんどおらず、いたとしても陸戦隊であったから、海軍関係の場合は慰安所を利用したければ階級に合った慰安所へ内緒で行けばよかった。だから中国では陸軍慰安所のみで事足りた。中国行きを希望する「慰安婦」は内地では到底返すことのできない借金を背負っている場合が大半で、一日に相手をする数が内地よりもはるかに多い外地を選ぶのだ。Yさんの慰安所は日本人「慰安婦」ばかりであったため「将校クラブ」であった。慰安所は原則として軍人のみの利用だが、民間人も軍票で陸軍慰安所をヤミで利用することとできた。慰安所を利用するには性病予防のためにコンドームを使用することが義務付けられていた。検梅は陸軍病院だ。内地ほど定期的には行われなかったが、一カ月に一回のペース。最前線の移動慰安所の場合では検梅はほとんどない。

そんな生活を一年ちょっと続けた後、商売を人に任せて太平洋戦争が始まるまで内地に帰った。Yさんは軍の臭いが立ち込める中国での慰安所時代のことはあまり話したがらなかった。

5、トラック島時代

太平洋戦争が始まった。慰安所稼業からしばらく離れていたYさんは、再び「院外団」からの要請（Yさんは山本五十六司令長官からの命令だったと言う）で、カロリン諸島のトラック島に慰安所を作ることになった。『慰安婦たちの太平洋戦争』には、特要員と呼ばれる娘子軍、つまり海軍用の「慰安婦」は大阪の飛田、松島遊廓組やその近辺の私娼、神戸の福原遊廓の女が多かったとある。(8)

Yさんは、神戸で福原や大阪の「慰安婦」たちを乗せてトラック島に向かった。従軍する日本人「慰安婦」が関西から特に九州に集中していたのには理由があった。まずは地理的要因。九州は日本の中で一番大陸に近い地域である。Yさんは中国での慰安所経営時代、九州から朝鮮の釜山に船で渡って目的地まで行くことが多かった。大阪の松島遊廓や飛田遊廓、そして神戸の福原遊廓に集まる娼妓のふるさとは、九州の特に島原や呼子・天草に多かった。アジアに近いこの貧困層がいる地域から女性を買い、その足で中国へ向かっていたからだろう。

Yさんは、昔から呼子は漁業の町で、男たちが漁に出かけた後や魚が取れなくて食うに困っているときは女たちが男に代わって稼ぐと教えてくれた。海岸から見える近くの朝鮮の船や遠出をしてきているどこかの船を手招きして呼び込み、体で稼いでいたことからこの地名はついたと言っていた。「からゆき」の時代から広がる漁村の貧しさが娘を売る悲劇に続いたことや、最初に関西の楼主が日本軍の要請を受けて慰安所経営をしたことにも関係するだろう。このようなことが莫大な九州出身の「慰安婦」を生んだ要因である。

さてトラック島は多くの小さな島を保有する群島だ。本拠地とされるのは一番大きい春島で、いろいろな設備が完備されていた。海軍病院は夏島にあった。秋島には囚人によって作られた軍港があった。そして、夏島に大規模な「慰安所」があった。

Yさんによると、彼の経営していた「慰安所」は浅田功著『海軍料亭小松物語』(9)に出てくる「小松」の隣に位置していたそうだ。「小松」というのは、横須賀にある創業一〇〇年を誇る老舗の料亭で、海軍の重鎮から経済・政治・文化各界のさまざまな人々が多く利用した料亭であったという。「南華寮」はYさんの経営していた「慰安所」の可能性が高い。ここでも「南華寮」の目と鼻の先にあった「南国寮」が朝鮮人「慰安婦」のいる「慰安所」であったというのに、Yさんは朝鮮人「慰安婦」の存在を認めなかった。

慰安所の他にもさまざまな娯楽施設を含む民間の施設が集結していた。その様子は小さな日本のようだった。それ以外の島は小さいので公の施設はなかったが、小規模な「慰安所」は作られていた。施設が整っていない場合に「慰安婦」が派遣された。中国と同様、表向きは院外団の要請だが、本当は山本長官の要請で行ったと、Yさんはよく言っていた。この時連合艦隊司令長官をしていたのは、山本五十六だ。いろいろな人を介して山本五十六の命令がYさんに下ったのだろうか。その後Yさんは、横須賀より「奏任官待遇」で「大鷹丸」に乗り海軍慰安所に向かった。その時「慰安婦」たちは中国の時のような軍需品扱いではなく、「判任官待遇」で船に乗り込んだ。

陸軍のずさんな対応と違い海軍は驚くほどきちんとしていた。中国では、もともとあった家を慰安所に使っていたが、トラック島では、慰安所用の施設を作って二〇〜五〇人単位で「慰安婦」を置いた。「大和」や「武蔵」のような大きな艦がこの島には寄港し、その乗組員が「慰安所」を利用するからだ。上陸には「六弦上陸」「八弦上陸」というようなシステムが設けられていた。六弦上陸というのは、乗組員を六回に分けて島に上陸させて「慰安所」などその他の娯楽施設を利用させるシステムである。八弦は八回に分けるということだ。大きい艦の場合、何千人単位の人間が乗艦しているのだから「慰安婦」の数が足りない。また一度に全ての乗組員を収納できるほど島の設備は充実していないため、このようなシステムは大変重要だ。具体的に考えてみると、仮に一弦で三〇人なら一日六回で一八〇人。それを何日か繰り返すことで全ての人間が島に上陸することができる。その時船が島に近づいたり、離れたりする様子がちょうど弓の弦のように見えたことからこのように呼ばれたと言う。

「慰安婦」の遊戯料もそれぞれだ。軍属といっても船を造るなどの本当に短期のものはすぐに内地に帰るので利用することはできなかった。利用時間は陸軍と同様で「単発」三十分であったが、五分前行動が徹底されていたので二十五分で済まさなくてはいけなかった。これらの島々を訪れるのは大きな艦ばかりではない。トラック島は海軍の給油地点であるため、「伊良湖」や「間宮」などの給糧艦も定期的に訪れる。それらの艦は一週間ぐらい滞在して日本に戻る。司令部や「大和」、慰安所関係者が日本に帰るときはこの艦を利用していた。

「慰安婦」たちは一つの場所に集められるのではなく、一棟に三〇〜四〇人程度で何カ所にも分けられるので、一日に相手をする数はだいたい決まっていた。「慰安婦」たちの仕事は「男の相手」だけであり、掃除や身の回りのことは「土民」を使っていたという。「土民」という言葉はとても差別的だが、Yさんの話によく出てきた。実際、「土民」による「慰安所」などは作られていなかったが、現地妻のような現象は特に軍属に多く発生していて、戦後復員のときには大変な問題となったという。

Yさんはトラック島で「慰安婦」の管理をしていた。一日の売り上げを計算し、使われた軍票を整理して司令部に毎日持って行って判をもらうのが主な仕事だった。Yさんは、「女をあてがう商売のものがトラック島内の軍司令部へ行くのは変に思うかもしれないが、女を世話してやっているのだから偉い軍人さんでもみんな廊下で会えば自分に挨拶する。気持ちよかった」と語っている。

トラック島は一年契約だったので、その後、日本に帰国した。契約を終えて日本に帰る時に、アメリカの潜水艦から攻撃を受けた。助かったのはYさんの乗り込んだ「秋葉丸」だけであった。実はYさんは「奏任官待遇」でトラック島に来ているので「大和」や「武蔵」のような大きな軍艦に乗って帰りたかったが、司令部の人には飛行機で帰ることをすすめられた。しかし、「慰安婦」を船に乗せて自分だけ飛行機で帰ることに気が引けたので、同じ船に乗って帰ることにしたのだ。

「秋葉丸」(10)は横須賀港に着いた。宮城を参拝した後、周辺の関連施設で帰国手続きをして、一緒に帰国した「慰安婦」と二重橋前で記念撮影をした。一緒に帰ってきた「慰安婦」の中には年季の開けていない者もいたが、ある程度の米と金を持たせて帰したという。

6、敗戦後「占領軍慰安所」時代

敗戦後、トラック島から帰国しのんびりと暮らしていたYさんのもとに、西宮警察署長から「慰安施設」開店を要請する電報が届いた。その後も要請が執拗に続き、Yさんは疎開先の姫路の曲里から、武庫川沿いの「文堂屋」という旅館であった建物に「水明館」という進駐軍専用の特殊「慰安施設」

を作った。

「水明館」はすぐに人に任せたが、規模としては一棟二五〜三〇人の慰安施設であった。進駐軍が気に入るように水兵スタイルの制服を作って着せた。もう一軒、尼崎の立花にあった会社の寮を改装して経営した。建物の中央部分が中庭になったなかなかの建物であったという。

施設開店にあたり、Yさんのもとに素人娘がやってきたが、進駐軍に何をしたらお金がもらえるのかさえ知らない子がいる始末であった。また町にはだんだんパンパンがあふれてきていた。この仕事に嫌気がさしてきたのはちょうどこのころだった。それからは売春禁止法が施行されるまで、人に任せて別の仕事をすることにしたという。

戦時性暴力下に連れてこられた外国の「慰安婦」と日本人「慰安婦」は違う。しかし、「慰安婦」として性を搾取されたことには違いはない。さまざまなサポートがあって中国・朝鮮又はその他の国々の元「慰安婦」たちは、被害者としても名乗りを上げることができた。日本人慰安婦の大半がそうしなかった。同じ民族で、娼妓としての過去などその女性自身が日本で生きていく中で、社会的にも家庭的にも隠していきたい恥部であったからこそ、日本の中では言えなかったのだ。私は子どものころに祖母からこんなことを聞いた。祖母の家の近くにあった大きな石屋さん。「ここの奥さんは、昔女郎してはってんで。」すごく嫌な言い方だった。

(注)

(1) 金沢甚左ヱ門『松島新地誌』日本印刷出版、一九五八年、三五～四五頁。
(2) 浅田勁『海軍料亭小松物語』かなしん出版、一九九四年、四六、六六～六七頁。
(3) 長沢健一『漢口慰安所』図書出版社、一九八三年、五一～五三頁。
(4) 同右。
(5) 山田清吉『武漢兵站』図書出版社、一九七八年、七六～七七頁。
(6) 同右。
(7) 山田盟子『慰安婦たちの太平洋戦争』光人社、一九九一年、二八、一六九頁。
(8) 同右。
(9) 浅田勁『海軍料亭小松物語』かなしん出版、一九九四年、四六、六六～六七頁。
(10) 中東徹夫『トラック島第四海軍病院――日赤従軍看護婦の手記』中東徹夫、一九六四年、五〇頁。

沖縄・芭蕉敷の慰安所の事例
——平岡知重《チジュウ》さんの聞き取り

田場祥子

はじめに

沖縄県国頭郡本部町並里（芭蕉敷）の自宅を慰安所に接収された経験を持つ、平岡知重（旧姓饒《ヨ》平名《ヘナ》）さんへの聞き取りから、沖縄の女性が「慰安婦」にされていた慰安所の一例について紹介する。平岡さんは、『八重岳・ふるさと芭蕉敷記念誌』で慰安所について証言されている故饒平名知寛さんの兄にあたる。記念誌では知寛さんが慰安所について語っている。平岡知重さんはこの記念誌に他の思い出を書かれているが、故人となられた饒平名知寛さんに代わり、兄の平岡知重さんをお訪ねし慰安所について詳しく証言していただいた。

沖縄県国頭郡本部町並里（芭蕉敷）に慰安所があったとの情報を得て、二〇一二年五月十六日、饒平名家の慰安所跡を探し歩いた。五月十八日、地元の三人の方の立ち会いのもと本部半島八重岳中腹にある芭蕉敷の慰安所跡を確認できた。その後、二〇一二年五月三十日、二〇一三年三月二十日、同年八月二十六日、平岡さんへの聞き取りを行った。

平岡さんの生家の饒平名家は曽祖父の時代に国頭郡本部町豊原（海洋博跡）から芭蕉敷に移住し、荒れ果てた山林原野を切り開いて自給自足、副業として芭蕉布を織り家畜を飼って生計を立てていた。平岡さんは一九三〇年十月二十三日、父饒平名知幸と母シズの四男四女の三男として沖縄県国頭郡本部町並里（芭蕉敷）に生まれる。一九三四年頃、父親は南洋群島ロタ島へ働きにでていった。

一九四四年、沖縄に第三二軍が設置されると、軍需物資を入れる防空壕が沢山あった芭蕉敷には様々な部隊が駐屯するようになる。本部国民学校は、暁部隊（陸軍の船舶部隊）、伊江島飛行場と本島渡久地港の物資運搬に使用され、青年団も訓練で学校を使用するようになった（『八重岳・ふるさと芭蕉敷記念誌』）。

長兄はサイパンの郵便局に勤務していたが現地で召集された。次兄は佐世保の軍需工場へ、その後志願兵となり軍属で出征した。二人の姉は結婚して家を出ていたので慰安所に使われていた当時、家には母、姉（三女）知重（三男）、知寛（四男）妹（四女）の五人が残された。知重さんは当時十四歳。

1、自宅が慰安所に接収された経緯

私が生まれた家は本部半島の八重岳中腹にあった。家は農業で生計を立てていたが父が南方へ出稼ぎに出てからは母が一人で農作業をしていた。

慰安所に接収されたあの頃、宇土部隊や平山部隊、砲兵隊や陸戦隊など、いろいろな部隊がいた。ある時、宇土部隊（独立混成第四四旅団第二歩兵隊長宇土武彦大佐が率いる国頭支隊）の軍人が、突然家へやってきた。ここは宇土部隊用の慰安所として軍が使うからといって、否応なしに接収された。時期は一九四四年十月十日の大空襲が過ぎた後、十一月か十二月頃ではなかったかと思う。うちの母屋は全部慰安所用に取られてしまい、われわれはその母屋の南にあった牛小屋を整理してそこで生活することとなった。

その頃私は、各家で男たちが兵隊に行って手が足りないから農兵隊に手伝いに行け、と強制的に学校から引っ張り出されて行っていた。勤労奉仕のようなものだ。だから接収された時は家にはいなかった。あの頃は手伝いがあったから学校といってもまともに行ってない。学校ではなくて農兵隊の作業現場に直接行っていた。農兵隊から親元に帰ってきたら慰安所が建てられていて、兵隊が行ったり来たりしていた。そんなわけで自分は建てているところは見ていない。

沖縄の家は広い部屋の家が多いが、うちは造り方が新しく、一番座、二番座、三番座といって座敷が区切られていた。それに裏山が二〇〇〇坪ぐらいあり、慰安所を増築するための材木が簡単に手に入った。伐採した木は乾燥もさせないでそのまま使っていた。庭と畑が広いので、芭蕉を植えていたり空き地があったりミカンを植えていたりと、新しく慰安所の建物を建てる余裕があったことも、うちが慰安所として選ばれた理由ではないかと思う。慰安所として借り上げのお金などは一切払われなかった。

沖縄では芭蕉というのは、商売のため（副業として）植えていた。芭蕉を炊いて、繊維だけ取って、反物（芭蕉布）を作るわけだ。芭蕉は入口からずっと奥まで植えてあったが、慰安所の建物を造るところの芭蕉は全部伐られてしまった。

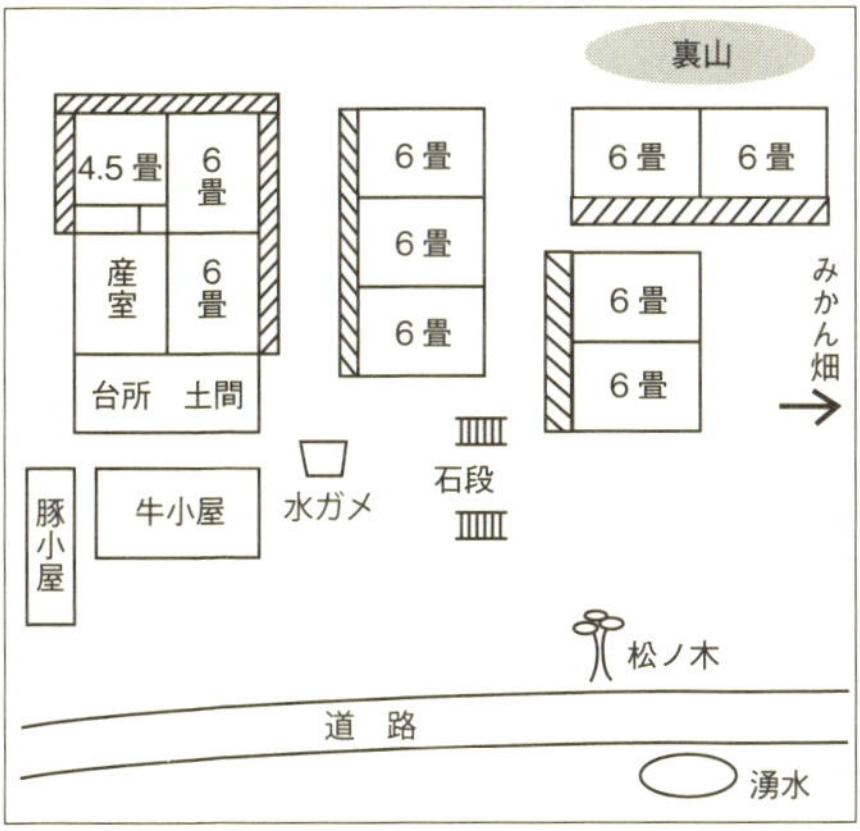

芭蕉敷慰安所の見取図（作成・田場祥子）

2、慰安所の建物

門から屋敷内に入った左側に石段があって、そこを上ったところに母屋があった。母屋の間取りは、床の間つきの四畳半と六畳二間（板の間）の三部屋で、これらの部屋が慰安所に使われた。ほかにお産の部屋と台所と土間があったが、それらの部屋は慰安所には使っていなかった。

軍はうちの裏の山から木を切り出して大工さんに慰安所の建物を三棟建てさせた。新しく造った方の慰安所の三棟は全部平屋の建物で、野戦病院のように窓を付けて、一人ずつ入れるように新しく板壁で長屋のように仕切っていた。板の間には畳が敷かれていたと思う。一棟は六畳が三つ、ほかの二棟は六畳が二つずつ造られた。そのうちの奥の裏山に近い六畳二間にはお勝手がついていて、そこには宇土大佐の囲い女だった人がおり、大佐の専用の部屋として使われていた。母屋は改造しないでそのままの間取りで、床の間つきの四畳半は副隊長のような人の専用の部屋だったようだ。新しく建てた部屋と母屋の部屋を入れて全部で十部屋が慰安所として使われた。後にそれぞれの部屋の外に二尺幅位の縁側が取り付けられた。

3、慰安所の管理

山の中に砲兵隊がいて、それより山の上には何々部隊というように随分たくさんの部隊がいた。部隊の兵舎は山の上や川の方などあちこちにあった。平山部隊と宇土部隊がいたことは記憶しているが、ほかに何部隊がいたかは分からない。宇土隊長は馬に乗ってやってきて、そのまま門を入り、歩かないで自分専用の部屋の前まで乗りつけていた。隊長が来たら、他の兵隊は最敬礼だ。隊長は自由勝手なので泊まっていった。兵隊は泊まれない。次々と兵隊が順番を待っているから一回きりだ。

慰安所には管理人のような人はいなかった。受付もなかったと思う。チケットのようなものがあったかどうかは、わたしは子どもだったから、そこまではっきり分からない。慰安所に来る兵隊は、例えば、自分は何番目とか、何時からと時間を決めていた。部隊で振り分けてきたのではないかと思う。まず、上の将校から決まって、一般の兵隊へとなるのだろうが、二等兵なんかはもうほとんど当たらない時もあったのだと思う。慰安所に来た兵隊は部屋の前のところに並んでいたようだ。

後に、兵隊が全部引き揚げてから、夫婦ものが家の後始末とか管理のようなことをするのだとやってきていた。敗戦後その人たちは慰安所の建物は軍のものだからといって壊し、木材を全部持っていってしまった。その材木で自分の家を建てたと聞いている。母は自分が女だから馬鹿にされたと怒っていた。

4、慰安所にいた女性たち

慰安所には、女性が全部で九人いた。九人はみな、地元の人、沖縄の女性だった。那覇の辻遊廓から強制的に連れてこられたのだと思う。沖縄の人だということは言葉で分かる。九州だとか内地の人とは思えない。その区別は子どもでもつく。

一番年配だったのは宇土大佐の専用の女性だったと思う。他に年がいっている女性が二人いて（二十代後半か三十代）、隊長と副隊長の専属のようだった。この二人が指導者で他の若い七人を管理する抱親（アンマー）の役目もしていたのではないかと思う。年長者が格上で、若い方の人が二番目で、あとの人たちを束ねていたようだ。二人は他の七人とは違ってきれいな格好をしていたことからも、隊長と副隊長の専用の人だと思う。他の七人は十代だった。

うちのおふくろは自分の子どもにも大きいのがいるから、その女性たちをかわいそうだと思ったのだろう、「いくつだ？」と年齢を聞いていた。一番若い娘は数え年で十五歳ぐらい、「お前〔平岡さん〕と同じぐらいだよ」と母はいっていた。ああいう人というのは、それが自分の宿命というのか、そういう状態で来ている。それに携わることで、ある程度は白い目で見られていた。ずっと、男の相手をしなくてはいけないのだが、それが結局仕事になるから。あの人たちは「ジュリ」といわれていた。

あの頃、貧しいうちの娘は子どものときから「ジュリ売り」といって、辻に売られていた。息子の場合は、「糸満売り」で漁師に売った。

ここは山の中だから彼女たちはどこにも出歩けるようなところはなかった。それに出歩く暇がない。彼女たちは昼間でも結局向こう（兵隊）から呼ばれるとか、何人か来れば、相手をしなくてはならないわけで、二十四時間ということになるわけだ。

戦争中だから、このあたりの家には個人の家にも防空壕はあった。うちは裏山に防空壕を掘ろうとしても男手がないので、上から土をかぶせたようなものしかできなかった。それは自分たちのための防空壕で兵隊が入るところではない。慰安所の女性たちも何かあると逃げるしかないが、うちの防空壕には彼女たちを入れる余地がなかった。彼女たちには逃げ場所もないわけだ。

トイレは一つしかないので、女性や家族が一緒に使った。そこで時々、家のものが彼女たちとすれ違うこともあった。兵隊はここのトイレは使っていなかった。洗濯や洗面などの水は通りの先の湧水から家の者が運んできて庭の大きな甕に溜めておいたものを彼女たちも使っていた。あの頃は風呂なんてないので川で浴びるんだ。女の人は道から少しそれたところで、川をせき止めてそこで水を浴びていた。うちのおふくろもそうしていた。

5、アメリカ軍上陸

兵隊がこの慰安所を使っていたのは米軍が上陸する前までだったと思う。三月二十三日の二回目の空襲の後から、上陸までの間に全部引き揚げたと思う。兵隊は逃げてしまったし、女の人も帰りたい。

中には兵隊の後ろにくっ付いて一緒に行った人もいたと思う。兵隊たちには慰安所に行く余裕などなくて命からがら逃げるのに精いっぱいで、そんな色恋どころの騒ぎではない。この芭蕉敷にも昼はアメリカの兵隊が毎日見回りに来ていた。このあたりも結構米軍との戦闘が行われていた。日本の兵隊たちは山の中へ隠れていたが、敗残兵となった日本の兵隊は怖かった。普通の家に物をくれとやってくる。米なども これは軍のやつだといって無理やり取っていく。時たま銃を持って脅かしに来た。慰安所の女性たちがいついなくなったのかはっきりとは分からない。

あの頃は普通の人でも日本兵に付いていって山の中で殺されたのがたくさんいた。若い子は兵隊に付いていけば安心だと思ったかもしれない。アメリカ兵に強かんされたら、股を裂かれて生殺しにされたという、そういうデマが飛ばされていたから、強かんされるよりは良いと思っていたのかもしれない。

九人の女性たちが日本兵に付いていったかどうかは分からない。うちの家族が管理しているわけではないし、向こうは向こうで別だから。戦争が始まり、兵隊は山の中にこもってしまったのか、姿は見えなくなった。日本側は一発も撃たないのだが撃たなくて良かった。もし攻撃したら、その近辺はもう全滅だ。艦砲射撃も見えた。八重岳に行ったときに伊江島のところの間のあの海が見えたと思うが、こちらから伊江島の海は四キロか五キロメートルぐらいしかない。ここから海まで、直線距離にして三キロメートルぐらいだと思う。鉄砲の弾でも届くぐらいのところだ。

八重岳には国頭支隊の野戦病院があった。川沿いのところにたくさん兵舎を造っていた。兵隊を全部合わせると一〇〇〇人ぐらいいたのではないかと思う。病人や、怪我をしている人間がいるのに、全部寝かせて逃げるときには火をつけたそうだ。遺体がずらーっと焼け跡に頭を並べていてすごかった。ちょっと草が茂っているなと思って歩いて行くと、足にぼこぼこっていうのでなんだろうとみると、人の腹、腐っているところが足に付いてきた。あのころは、怖いとか汚いとかっていう感じじゃなかった。とにかく年が明けてから、とてもそれどころではなかった。上陸してから、今度は兵隊は逃げるのに精いっぱいだから。日本側じゃ弾一発も撃っていない。宇土隊長が迎撃させなかったというような話も聞いていた。やると、また倍返しで来る。やれば音を聞いてアメリカ軍は来るし、一発撃てば敵の船から見える。ここに陣地があるなと思ったら、艦載機という小さい飛行機、あれが全部飛んでくるんだ。

捕虜になったのは、終戦になってからだが、今の辺野古あたりの久志というところにみんな行った。今考えると一般の人を守るためでもあったのかもしれない。

6、戦後、慰安所の建物は？

私たちは戦後またここに住んだ。彼女たちがみないなくなってから慰安所にされた部屋を見たが、彼女たちの持ち物は何も残されていなかった。荷物といっても慰安所に連れてこられた人は、そんなに良いものを持っていない。着のみ着のままでやってきたのだと思う。昼間だろうが夜だろうが、兵隊が来るのだから。だから、楽しいとかいうことは何もなかったのではないか。苦しいということしか知らなかっただろうと思う。

残されていたものといえば、部屋に箱ごとあった大量のサック（コンドーム）だ。大きい箱で一〇〇個ぐらい入っていたと思う。一〇〇個というと多く思えるかもしれないが、一日に二〇～三〇人、一人で多い時は三〇人ぐらい相手をしたそうだから、三〇人だったら二～三日で一〇〇個なんてなくなってしまう。一個ずつではなくて、うちにあったものはもう丸まって剝き出し状態で、箱の中に裸のまま入っていた。子どもだったので何に使っていたのか分からないから、風船にして膨らませて遊んでいた。そうそう、大人が、よく「こんなのいじるな」といっていた。

【参考文献】

『八重岳・ふるさと芭蕉敷記念誌』芭蕉敷会、二〇〇七年四月。

沖縄の日本軍慰安所

林 博史

一、沖縄での慰安所の設置

沖縄に最初の慰安所が設置されたケースと考えられるのが西表島船浮に設置された慰安所である。一九四一年七月に西表島船浮に臨時要塞司令部が設置され、十月より部隊が配備された後、設けられている。ただ正確な時期は不明である（アクティブ・ミュージアム「女たちの戦争と平和資料館」編『軍隊は女性を守らない――沖縄の日本軍慰安所と米軍の性暴力』二〇一二年、十五頁）。

沖縄に日本軍が本格的に配備されるのは、一九四四年三月に第三二軍が創設されてからである。まず飛行場建設部隊が次々に沖縄に送り込まれた。五月七日におこなわれた伊江島東飛行場起工式において、第五〇飛行場大隊長は「一時の性欲に駆れて一般婦女子と性交を交へ或は之に性交を迫るとか甚たしきは之を強姦する等は断じて之を許さず断然厳重に処断するを以て本職の設備する特殊慰安婦の外厳に之を慎むべし」と軍が慰安所を設置することを訓示で示した（「第五〇飛行場大隊陣中日誌」）。

さらに五月二十四日には同大隊長は、要塞建築勤務第六中隊長に対して、「新たに慰安所の建築作業を実施すべし」と命令を出し、軍として慰安所の建設工事を始めた。その建設途中に慰安婦たちが臨時で伊江島に来ることになり、六月六日と七日の二日間、仮慰安所を開設している。その後、建設していた慰安所は十六日に完成した（「要塞建築勤務第六中隊陣中日誌」）。

このように沖縄での慰安所は軍が自ら建設・設置したのである。当初の慰安所は伊江島や読谷など飛行場の建設現場の近くに設けられた。その後、サイパン島が陥落して、米軍による沖縄侵攻の危険性が出てきたため、沖縄防衛のために四四年七月から八月にかけて、沖縄本島に第九・二四・六二師団、宮古島に第二八師団、石垣島に独立混成第四五旅団など次々と地上戦闘部隊が送り込まれてきた。こうしておよそ十万人に上る日本軍が駐屯するようになると慰安所も一気に沖縄各地に広がっていった。

残っている日本軍史料（本節で紹介する資料は、『沖縄県史　資料編二三　沖縄戦日本軍史料』二〇一二年、に収録されている）からでも、九月二十日に浦添村で見晴亭、観月亭、軍人会館が開業している（第六二師団司令部管轄）。浦添村安波茶に開設されたこの軍人会館のことと思われるが、村の兵事係をしていた宮城篤三さんは、役場に日本軍の経理将校が来て、瓦葺の彼の家を慰安所にするというので、彼は不服だと言ったが、「軍命令」だといって慰安所にされてしまい、宮城さん一家五人は床もない製糖小屋に追いやられたという（『浦添市史』五、十六頁）。

また九月中には嘉手納や北谷などにも慰安所が設置された。北部の本部町渡久地では十月五日に慰安所が開業している（独立混成第十五連隊）。本部半島の並里（芭蕉敷）の慰安所は九月から十月ごろに設置されたようである。

沖縄に配備された部隊は米軍上陸前までの期間にも何度か移動があり、その都度、部隊の慰安所も移転したようである。特に四四年十二月に大幅な配置換えがなされるが、北部から胡屋（現沖縄市）に移った独立混成第十五連隊は十二月二十九日に桑江慰安所を開設している。読谷村渡慶次に移ってきた同連隊の第四中隊では四五年一月二日から慰安所を開業している。四五年一月には国頭支隊（独立混成第四四旅団第二歩兵隊第二大隊）によって、本部半島の真部山慰安所の「増強」がなされている（国頭支隊「指揮下部隊作命綴」）。また一月十五日の時点で、第六二師団副官部の「陣中日誌」によると「首里慰安所設備作業」がおこなわれている。このように慰安所の開設、移転、改築などの作業は継続しておこなわれていたと見られる。

二、日本軍と沖縄県

第三二軍が大量に増強された四四年夏、軍は県に慰安所設置で協力を求めてきた。しかし当時の泉守紀知事は、「ここは満州や南方ではない。少なくとも皇土の一部である。皇土の中に、そのような施設をつくることはできない。県はこの件については協力できかねる」（野里洋『汚名』講談社、一九九三年、九〇〜九一頁）と考えて拒否した。八月十二日には知事は、兵隊から県民を保護するように部課長らに訓示している。知事は自らの日記に「兵隊という奴、実に驚くほど軍規を乱し、風紀を紊す。皇軍としての誇りはどこにあるのか」（同九四頁）と記している。

当時、知事官舎で働いていた島袋イネさんは「泉知事は軍人さんと絶えずケンカしてました。本島南部の大里に私の友達の家があったんですが、そこも慰安所にされましてね、そのときも沖縄には軍政が敷かれてないのだから軍が勝手にしてはならぬと。兵隊の事件があると憲兵隊長を呼びつけて、横暴なことはするなと抗議していました」と証言している（同一六八頁）。

知事に拒否された軍は那覇警察署長に要求するが署長も拒否したので、直接、辻遊廓のアンマー（抱親）やジュリ（遊廓の女性）を集めて、慰安所に行き「兵隊の士気を鼓舞」するように演説した。こうして辻の女性たち五〇〇名くらいが慰安婦として動員されたと推測されている（警察官山川泰邦さんの証言、『沖縄タイムス』一九八七年五月三十日、那覇市総務部女性室・那覇女性史編集委員会『那覇女性史〔近代編〕なは・女のあしあと』ドメス出版、一九九八年、四五七頁、野里洋『汚名』九六頁を参照）。

その後、十・十空襲により辻は全焼し、その焼け跡に掘っ立て小屋の慰安所が建ち並んだ。この空襲によってジュリたちの多くが慰安婦か、あるいは将校専属の愛人などになったと見られる（上原栄子『辻の華』戦後編上、時事通信社、一九九〇年、三～七頁）。

なお一九四〇年十二月時点での沖縄県の娼妓は八二九人、辻には芸妓と娼妓合わせて一一九七人いたということなので、五〇〇人とすれば、その半数近くが慰安所に動員されたことになる（太田良博・佐久田繁『沖縄の遊廓』月刊沖縄社、一九八四年、九五七頁、『沖縄県統計書』昭和十五年版、二四二頁）。

沖縄出身者としては辻遊廓のジュリのほかに、沖縄各地の「サカナヤ」（料理屋兼売春宿）の女性たちも慰安婦にされたと見られているが、彼女たちの実態はまったくわからない。

古賀徳子氏の調査では、沖縄本島と周辺の離島に一一二軒の慰安所が設置されたことが確認されている（古賀徳子「沖縄戦における日本軍『慰安婦』制度の展開」（1）―（4）『季刊戦争責任研究』第六〇―

六三号、二〇〇八―〇九年)。ほかに宮古島と伊良部島に十六カ所が調査により明らかにされており(日韓共同「日本軍慰安所」宮古島調査報告『戦場の宮古島と「慰安所」』なんよう文庫、二〇〇九年)、その他を含め一三〇カ所以上と見られる。ただ部隊の配置転換が何度かなされたために同時に何カ所あったかは不明である。また慰安婦の人数もわからない。

三、将兵の非行と慰安所

日本軍が大量にやってくると、「本島に於ても強姦罪多くなりあり厳罰に処するを以て一兵に至る迄指導教育のこと」という注意が軍司令部からなされるような状況になった(「石兵団会報」一九四四年九月七日)。「他兵団方面にては国民学校児童がのぞき見風教上不可なるものあり のぞけざる如く施設せられ度」、「風教上妓女をして付近を猥りに散策せしめざる如く村民より申出あり」などの諸注意とともに、軍参謀長からは「強姦に対しては極刑に処す関係直属上官に至る迄処分する軍司令官の決心なり」という注意も発せられた(同九月十九日)。

慰安所が各地に開設されてから、周辺の住民とのトラブル、苦情も多く発生したようである。首里赤平にあった、疎開した医者の家を日本軍が料亭兼将校用慰安所にして、連日夜中の一時二時までドンちゃん騒ぎをするので、警官が営業時間は十一時までだと注意し、出てきた中尉と口論になったこともあった。その中尉は「近頃の警察は、反軍感情を持っている―まことにけしからん」と言い、さらに翌日には首里警察署に来て、署長とやりあったという。その警察官は署長から「昨夜はあの将校とやり合ったようだね、よくやった」と誉められた（首里警察署警察官安富祖竹久さんの証言、『那覇市史資料編』第三巻七、一九八一年、四五八〜四五九頁）。

慰安所が設置されても性的犯罪は引き続いていたようで、「性的犯行の発生に鑑み各部隊此種犯行は厳に取締られ度」という注意が軍司令部よりなされている（「石兵団会報」十月二十六日）。また「（現那覇市の）国場付近の地方人は慰安所の設置を嫌ひありて種々苦情を申込みあり　其の他に於ても好感情を持ちあらざるを以て新たに設置する場合は村長其の他と良く折衝の上いざこざを起さゞる如く注意せられ度」という憲兵隊からの注意も出されている（「石兵団会報」十二月二十一日）。こうした軍人の非行と慰安所については林博史『沖縄戦と民衆』（大月書店、二〇〇一年、六一〜六九頁）にくわしい。

四、慰安婦にされた女性たち

沖縄の慰安所には、すでに述べた沖縄の女性たちのほかに朝鮮人、台湾人、日本本土、特に九州の女性たちが連行されてきていた。

朝鮮半島から連行された女性の中に渡嘉敷の慰安所に入れられたペ・ポンギさんや宮古島に連行されたパク・ゼナムさんがいる。四四年十月に輸送船マライ丸でペ・ポンギさんも含め朝鮮人慰安婦五一人が沖縄に運ばれた（川田文子『赤瓦の家――朝鮮から来た従軍慰安婦』筑摩書房、一九八七年、五一頁、儀同保『慶良間戦記』叢文社、一九八〇年、三五頁）。この女性たちは、慶良間列島の渡嘉敷島・座間味島・阿嘉島の三つの島に七人ずつ、那覇に二〇人ほど、十人は大東諸島に送られた。大東諸島の沖大東島

（ラサ島）では福岡県出身の経営責任者の下で七人の朝鮮人慰安婦が十一月二十三日に到着し、二十六日より慰安所が開業している（「ラサ島陣中日誌」）。

なお台湾経由で八重山に向かった船が攻撃され乗っていた朝鮮人女性五三人中四六人が死亡する事件が起きている（『沖縄県史』第十巻、一九七四年、二六〇〜二六二頁）。

米軍の報告書によると、戦争の終った四五年十月に沖縄各地から生き残った朝鮮人「慰安婦」一五〇人をキャンプ・コザに集め、朝鮮に送り返したことが記されている。彼女たちは米軍の野戦病院で看護婦として働いていた（日本の戦争責任資料センター研究事務局「資料紹介　沖縄——キャンプ・コザに収容された朝鮮人『慰安婦』の写真」『季刊戦争責任研究』第四九号、二〇〇五年九月）。しかし他方でペ・ポンギさんのように帰国できないまま沖縄に残り水商売でかろうじて食いつないだ女性もいた。

また宮古島の慰安所には台湾人女性も連れてこられていた（『戦場の宮古島と「慰安所」』一一七〜一一九頁）。

ほかに日本本土から連行されてきた女性たちもいた。

野球選手だった松木謙治郎さん（第六二師団）の証言によると、「炭坑節」を歌う慰安婦の女性たちがおり、彼女たちは九州出身がほとんどだったという（松木謙治郎『阪神タイガース　松木一等兵の沖縄捕虜記』恒文社、一九七四年、三一頁。現代書館にて二〇一二年再刊）。梯梧学徒隊で動員されていた糸数良子さんは、第六二師団の野戦病院がおかれたナゲーラ壕で会った長崎出身という日本人慰安婦たちのことを証言している（古賀徳子前掲論文〔四〕七〇頁）。

こうした証言から見ると、九州の女性たちが慰安婦として沖縄に連れてこられていたことがわかるが、どのように慰安婦にされたかはわからない。

なお日本軍の史料の中で、沖縄戦の最中の状況がわかるものとして、第三二軍司令部の文書がある。首里の第三二軍司令部壕では炊事場の近くに、料亭「若藤楼」のジュリ十数名と本土から来た「偕行社」の芸者十三名が収容されていた。第三二軍高級参謀八原博通は、彼女たちは「炊事の手伝いもすれば、野戦築城隊と一緒に泥まみれになって土運びも」して懸命に働いていたと証言している（八原博通『沖縄決戦』読売新聞社、一九七二年、一七九頁）。五月十日、彼女たちは他の女子軍属とともに、高嶺村（現糸満市）字与座の第二四師団司令部（山部隊）への移動を命ぜられ「与座到着後は自力に依るを本則とし部隊の配慮は絶対に受くべからず」と命令された（「球軍日々命令綴　球日命　五月十日　第一〇七号」）。いわば日本軍に頼るなと見捨てられたと言えるが、その後のことはわからない。（以上の叙述は、古賀徳子前掲論文に多くを負うている）。

五、宮古島の慰安所

宮古島には三万人を越える日本軍が配備されたが米軍は上陸せず、空襲を受けたが部隊はそのまま敗戦まで維持された。宮古島の慰安所については詳細な調査報告である日韓共同調査の『戦場の宮古島と「慰安所」』があるが、これまで日本軍史料は得られていなかった。敗戦時に焼却処分されてしまったようである。日韓共同の調査によると、宮古島には十四カ所、隣の伊良部島に二カ所の慰安所が確認されている（同三〇頁）。慰安婦にされた女性は、日本人や台湾人もいたが朝鮮人が最も多かったようである（同二一頁）。

ここで宮古島での慰安所の存在を示す文書を紹介しよう。

厚生労働省が所蔵している『終戦後軍法会議判決書類』の中に、宮古島に駐屯していた第二八師団の軍法会議に関する文書が含まれている。それによると、一九四五年十一月二十日に第二八師団第二野戦病院第二半部所属の第一補充兵役陸軍衛生上等兵が第二八師団の軍法会議において、業務横領の罪で懲役一年の判決を受けている（この史料は佐治暁人氏が発見し、提供を受けたものである）。

この衛生上等兵は、一九四四年八月に応召し、同年十一月五日に第二野戦病院第二半部要員として宮古島に上陸、その後、伊良部島に移るが、一九四五年六月十四日、宮古島陸軍病院と合同勤務となり、平良町字鏡原の宮古島陸軍病院で炊事勤務につき、糧秣受領係あるいは経理科倉庫物品監視係となった。四五年八月中旬、「宮古郡城辺村更竹師団■獣医部屠獣班ヨリ馬肉約四十瓩ヲ受領帰院途中増原附近ノ氏名不詳ノ民家ニ於テ右馬肉二斤ヲ貳拾円ニテ売却シ、慰安所ニ於テ遊興浪費シ」たとされている（■は判読不能箇所）。さらに九月一日に「陸軍病院ノ一部ハ、沖縄県城辺村字土底ニ移転シ、被告人モ同時ニ移転引続キ糧秣受領係ニ服務セルカ、同年十月二日、沖縄県宮古郡平良町字野原越所在貨物支廠ヨリ金花糖六十瓩ヲ受領シ、右金花糖中二瓩ヲ翌三日■■鏡原陸軍病院ニ携行、途中、該金花糖ヲ〔略〕貳拾円ニテ売却シ、慰安所ニ於テ遊興消費シ」たという。

ほかに八月二日頃、「右陸軍病院炊事場ニ出シアリタル玄米四升ヲ窃取シ〔略〕一升八円ニテ売却シ、慰安所ニ於テ遊興消費」、八月中旬頃、「同炊事事務室ニアリタル玄米一升を窃取シ、〔略〕八拾円ニテ売却シ、慰安所ニ於テ遊興消費」、九月十日頃、二十一時頃、「前記鏡原残存陸軍病院炊事事務室ヨリ玄米一升ヲ窃取シ、〔略〕八拾圓ニテ売却シ、慰安所ニ於テ遊興消費」したという容疑が軍法会議で事実認定されている。

ここに出てくる地名からこの衛生上等兵が動いていた地域は、師団司令部のあった野原岳の北側であり、現在の宮古島空港の東側の地域にあたる。陸軍病院のあった鏡原も空港の東側の地区である（これらは宮古島の中央部にあたる）。二〇〇八年に建立された日本軍慰安婦の碑「アリランの碑」がある野原の北側でもある。したがってそのあたりの慰安所で「遊行消費」したのであろう。このあたりの慰安所は朝鮮人女性が主だったようである（『戦場の宮古島と「慰安所」』三一頁）。

しかも興味深いのは、この業務横領が四五年八月から十月にかけてのことであり、少なくとも十月三日の時点でも慰安所で「遊行消費」できた、すなわち慰安所が営業していたことがわかる。第二八師団長が、第三二軍の生存者の最高位の軍人として、米軍への降伏調印式をおこなったのが九月七日であるが、それ以降も慰安所が稼動していたことになる。この時点まで慰安所を営業させていたことを示す資料はほかにはないだろう。

六、日米両軍による性暴力

慰安所とは直接関係はないが、一九四四年六月十五日から四五年二月二十六日まで計四八名が第三二軍の軍法会議にかけられていたことがわかる史料がある。その史料によると逃亡や上官への暴行、抗命など軍規を乱す行為は厳しく処罰されているが、性犯罪はまったく裁かれていないし、対住民犯もほとんど処罰されていない（林博史「資料紹介　第三十二軍（沖縄）臨時軍法会議に関する資料」『季刊戦争責任研究』第七九号、二〇一三年三月）。

また米軍上陸以来の沖縄戦下における米軍の軍法会議の史料もいくつかある。たとえば四五年四月十四日の犯行が軍法会議にかけられ、「レイプを意図しての暴行」容疑と軍紀違反で禁固二十年、不名誉除隊の判決が下されている。また五月九日にレイプをして捕まった兵士は軍法会議で禁固九年、不名誉除隊になっている。被害者はいずれも沖縄女性である。ところが、これらの判決を審査した米海軍省は両者のレイプ容疑の判決を破棄し、加害者は処罰されなかった（林博史「資料紹介　占領下沖縄における米兵による性犯罪」『季刊戦争責任研究』第八〇号、二〇一三年六月）。日米両軍ともに沖縄女性への性犯罪に甘かったことが指摘できる。それは今日に至るまで続いていると言えるだろう。

日米最後の戦闘と呼ばれている沖縄戦には、多くの女性が慰安婦として連行され、戦闘の中で命を失い、あるいは生き延びた女性もなんら償われないままに厳しい戦後を送ることになったと思われる。その厳しさはペ・ポンギさんの生涯からもうかがわれるが、他方、朝鮮半島にもどったはずの一五〇人の女性たちの戦後はどうだったのだろうか。さらに沖縄や本土出身の女性たちはどうなったのか、あまりにもわからないことが多い。

第三章　日本人「慰安婦」の戦後はどうだったか？

日本人「慰安婦」の戦後
――菊丸さんの場合

広田和子

一、菊丸さんの自殺

一九七二（昭和四十七）年四月二十六日夜、千葉県市川市の木造アパートの一室で、菊丸さん（四十八歳・本名山内馨子）の死体が発見された。ガス自殺だった。発見時、死後十二時間が経っていた。遺書が二通あり、一通はスナックを経営している長年の友人・小沼佐和子さん宛、もう一通は『週刊アサヒ芸能』に連載中の「ドキュメント太平洋戦争」（太平洋戦争研究会編）の編集者・平塚柾緒氏宛だった。菊丸さんは元日本軍「慰安婦」（以後「慰安婦」）として、この企画に取材協力をしていた。

二十七日、所轄の市川警察署から平塚氏へ連絡が入った。身元引受人がいなくて困っているという話だったので、翌日、早速、平塚氏と私は、場合によっては身元引受人になるつもりで市川署に出向いた。

「いやあ、ところが着いてみると、すでにその必要はなくなっていた。

「いやあ、私どももね、そういう含みもあって連絡したのですけれど、今朝になってやっと都内に弟さんがいることが分かって、遺体を引き渡したところです。それにしても苦労しましたよ。山内さんが残した電話のメモ帳を見て、あちこち電話をしたんですが、彼女、よく仕事を変えているんですね。またそのたびに名前も変えてましてねえ。いや、往生しました」

市川署の担当官が、遺族を探すのに苦労したという菊丸さんの死は寂しいものだった。平塚氏宛の遺書もそれを裏付けていた。お金に困っていたことや、付き合っていた旦那の悪口、世間に対しての恨みでいっぱいだった。参考までに遺書の一部を紹介する。

――私の死を誰が考えたことでしょう。この一年七ヶ月、皆さんは笑うでしょうけれど、死を覚悟したら、とても働くに働けない時がありますす。わずかな期間に泣くに泣けない暮らしでした。家賃は九月から払えず、部屋の窓から顔も出せず、五尺たらずのからだを小さくして生活をしていたのです。〔中略〕人生四十八歳になる一足手前にて死せるも私のさだめられた人生かもしれません。色々考えて若いときのことも書き、胸にあるしこりを出してしまったのです。「太平洋戦争研究会」もあの記事に多くの女性（慰安婦のこと・著者注）からの連絡があると思ったことと思いますが、ほかの女性は利口だったのよ。私のように馬鹿ではなかったのです。戦後の記事はよろしく書いてください――

取材を通してではあるけれど生前の菊丸さんの姿、誠実で割り切りが良く、相手の気持ちを慮って厭味なく気遣う姿を知っている私には、とても信じられなかった。

取材を始めたのが一九七二（昭和四十七）年一月、それから約四カ月、週一回ぐらいは菊丸さんの部屋へ伺っていた。部屋はいつも掃除が行き届いていて、土産には手も付けず、私の湯飲みが空になるのを気遣ってばかりいた。不躾な質問に「ここまできたら、何も隠すことはないから、なんでも聞いてください」と、きっぱり言った菊丸さん。取材は順調だと思っていたのに、遺書を読んだ私は、取材中とは全く違う菊丸さんの姿に頭から冷や水をぶっかけられたような気がした。部屋の様子から、金銭的に余裕がないのだろうとは察していたけれど、迂闊にも、これほどとは思ってもみなかった。取材記者失格である。

その日、もう一通の遺書の受取人の小沼さんのスナックを訪ねた。カウンター席が十席だけの小さいけれど小綺麗な店で、小沼さんも清潔で顔出ちがしっかりした人だった。取材が終わったら飲もうと誘ったとき、案内できる店があると言っていたのは多分、この店のことだろう。

この店には自殺する二日前に来たという。小沼さんに頼まれていたイカの塩辛を持参している。

「それも大きな瓶いっぱいにね。太郎ちゃんが作った塩辛は美味しいの。いまはイカも高いのでお代を払おうとしたけれど、どうしても受け取らないの。元気がなかったので、いつもは看板までいるんだけど、その日は早めに、親しくしているお客さんの車で送ってもらったんです」

小沼さんは菊丸さんが錦糸町（東京都江東区）のキャバレーで働いていた時代の同僚で、菊丸さんの源氏名が太郎だったことから、この店でも「太郎ちゃん」と呼ばれていた。警察は本名の山内馨子で問い合わせをしてきたので、最初は分からなかったという。

「それも失恋自殺だっていうでしょう。あの年で失恋自殺もないだろうってね。太郎ちゃんはよく遊びにきていたので、お客さんはみな知っているんですよ。長い付き合いだったのに、なにも話してくれなかった。お金のことだってそうよ。キャバレー時代の友人が、ここによく、お金の相談に来てたのを知ってたのに。そういう点、ほんとに几帳面な人だったんです。

ただ今年の一月、店で使ってくれって言われたんだけど、人を使うほどの余裕はないので、知り合いの赤提灯の店を紹介したんです。旦那が事業に失敗して、お手当てが貰えなくなったので働かなければと、言ってました」

小沼さんの話は、私が知っている菊丸さんだった。誠実で人懐っこく、相手を慮る気持ちが十分ある人、菊丸さんは生来、こういう人だったと思う。ただ遺書の中の菊丸さんも、また本当の姿だったのだろう。取材中、私の不用意な言葉に、それまで穏やかだった菊丸さんが急変して、針鼠のように全身に針を立てたことが何度かあった。私には悪いことを言ったという自覚はなかったけれど、心の奥に深い闇を抱えているような、菊丸さんの急変ぶりに、私はあわてた。


四月二十九日、天皇誕生日（現在は昭和の日）に、菊丸さんは市川市の火葬場で荼毘に付された。親族以外の参列者は平塚氏と私だけだった。火葬を待つ間、遺族の間では故人の話は出なかった。芸者から「慰安婦」になったのは、長女として家族の生活を守るためだったのだけれど。故人によく似た、彫りの深い顔立ちをした老女の嗚咽が鎮魂歌のように聞こえ、せめてもの供養だった。

二、慰安婦としてトラック島へ

一九四二（昭和十七）年三月、芸者菊丸は、「慰安婦」として横浜港からトラック島へ出発。契約は一年半、満十八歳だった。途中、神戸港、釜山港でも「慰安婦」を乗せて、トラック島に上陸したときは朝鮮人「慰安婦」を含めて一〇〇名、上陸後、士官用「慰安婦」と、兵隊用「慰安婦」とに分けられた。士官用は三三名、菊丸さんは士官用だった。いわば「慰安婦」のエリートである。

トラック諸島は東カロリン群島に属し、大小四〇の島からなり、珊瑚礁に囲まれた天然の大要塞で、日本海軍はこの島を太平洋における戦略上の一大拠点としていた。菊丸さんと同じ時期に上等兵としてトラック島に勤務していた野口幸一さんは、当時の基地の様子を次のように語った。

「一時は壮観でしたよ。戦艦武蔵をはじめとして大和・山城・金剛、航空母艦蒼龍・飛龍・赤城、他にも駆逐艦、潜水艦、輸送船と、ありとあらゆる船が集まっていました。

珊瑚礁が島を取り巻いていて、簡単には湾の中に入れないのです。たまたま入ったとしても慣れないと、珊瑚礁の間を通り抜けるのには、そうとう高度な技術が必要なのです。天然の大要塞というわけです」

青く輝く海は澄んでいて、海底の珊瑚礁の群れが透けて見えた。白い砂がキラキラと輝いている浜辺、椰子の緑、ハイビスカスの赤い花が咲き乱れ、色とりどりの島の景色は、長くて不安だった船旅の疲れを一瞬にして癒してくれた。日本を出発するときは肌寒かったのに、トラック島は常夏だった。

上陸するときは照りつける陽射しを避けるために、日傘が用意してあり、白い砂浜に一歩、足を降ろしたとき、自分の立場を忘れて別天地に来たようだったという。

赤道に近いこの島は「南洋の楽園」と呼ばれており、パパイヤ・バナナ・椰子の実やパンの実等、日本人には珍しい果物もふんだんにあった。また明治時代から日本人が南洋貿易の拠点としていたので、対日感情も良く、多くの日本人が住みついていた。菊丸さんたちが上陸した当時は戦況もまだ逼迫しておらず、慰安婦たちも生活し易かったようだ。菊丸さんは「人生の中で、トラック島にいた時代が一番良かった」と取材中、何度も言った。

慰安所では朝六時からカナカ族の男が来て食事の支度、掃除、風呂とすべて面倒をみてくれるから、「慰安婦」は自分の身の回りのことだけをやっていればよかった。士官は一日中慰安所にいて夫婦のように過ごすので、彼らと同等の食事をしていた。赤飯や肉、野菜の缶詰と、なんでもあったという。

「司令官がやってくるときは大変だったの。茶道が趣味で、いつも茶道具持参。きちんと作法どおり、炭火から起こしてお点前をするの。わたしはね、お点前が嫌いでね。でもその後は肉の缶詰でスキヤキをするの。それが楽しかった」

当時のトラック島司令官は、武田盛治海軍中将、戦後は戦犯となって服役していたけれど、後に釈放されて大阪で大きな材木商を営んでいた。菊丸さんは戦後も、この人にずっと可愛がられた。

もちろん菊丸さんは士官用だったから特別に恵まれていたのだろうけれど、同じ時期にトフック島に居て、兵隊用の「慰安婦」だった鈴本文（仮名）さんも、同じように言った。

「トラック島にいてる間は、日本にいて芸者置屋を転々としていたころよりも気が紛れとったね。

兵隊たちはいつ死ぬかわからんという気があるからね、特に明日、飛行機で飛び立つという人には、サービスしてあげようという気持ちになるよね。もう絶対に帰ってこなんだからね」

一日に十数人を相手にする生活のどこに、心のよりどころを見つけていたのだろうか。極貧家庭で育ち、芸者置屋に売られてからは借金で縛られた生活、肉体を売るために南の島までやってきた「慰安婦」の悲しみより、殺すか殺されるかと、緊張した日々を生きる戦場の兵隊たちの絶望感の方が勝っていたからだろうか。簡単には答えは出ない。

菊丸さんと鈴本さんは一九四二（昭和十七）年、同じ船でトラック島に渡ったけれど、現地では士官用と兵隊用とは別扱いだったので面識はなかった。ただ美貌の「慰安婦」・菊丸は有名だったことから、鈴本さんの方は菊丸さんのことを知っていた。鈴本さんは「ドキュメント太平洋戦争」の菊丸さんの記事を読んで「懐かしい」と言って、編集部に連絡をしてきたのだった。

一九四三（昭和十八）年十二月、二人はまた同じ船で日本に帰って来た。二人とも当時のお金で一万円の現金を手にしていた。翌一九四四（昭和十九）年二月、トラック島は米軍による大空襲で海軍基地は壊滅状態になり、南洋の楽園は一変して悪夢の島になった。二人はいい時代を過ごし、いい時期に帰ったのだった。

三、「慰安婦」の戦後

菊丸さんがトラック島での甘い生活から一転して、厳しい現実に直面したのは帰国する船の中からだった。輸送船二隻で出発したけれど途中で一隻がやられて、助かった人たちを乗せることになったので、船底の石炭の脇にすし詰めになって寝た。それでも横須賀に着いて、日の丸が付いた飛行機を見たときは涙が止まらなかったという。上陸して一日目は横浜に宿泊、翌日、床屋に行ったら「毛穴が開いているけど、暑いところから帰って来たの?」と聞かれ、急になんだか、「慰安婦」だったことを見透かされたような気がして、散髪もしないで飛び出してしまった。「それまでは、気後れもしなかったのに、変なものよねえ」と菊丸さんは自嘲気味に言う。

トラック島の生活は龍宮城のように華やかだったけれど、帰ってみれば浦島太郎のように玉手箱を開けるしか、現実に生きる方法はなく、「慰安婦」だった事実を認識させられることになったのだった。

約二年半振りに帰ってきた東京はすでに空襲が始まっており、出発前とはすっかり様子が変わっていた。ともかく、まずは両親がいる北海道美幌に引き上げた。そこで美幌の四一航空隊に勤める。折角、帰って来た娘をもう絶対に手放したくないという両親の希望で、地元で働くことにしたのだった。この航空隊でトラック島で出会った軍医に再会した。毎日、工場で油まみれになって働いていた菊丸さんは、大いに元気づけられた。ところが急遽、群馬県の中島飛行機に応援に行くことになって、やっと戻ってきたときには軍医は転属になっていた。当時、北海道には食料は十分あったけれど、群馬県では不足していて、毎日のように空襲があったのを見てきた菊丸さんは、この戦争は長く続かないと感じて航空隊を辞めて、再び上京した。

「さあ、それから遊んじゃったのよ。そのうち終戦になってね。馬喰の親方の家に留守番として住み込んだら、大蔵省の運搬係をしている馬方がいて、戦前、一般家庭から供出させた貴金属類を運んでいたのだけれど、途中で猫ばばをしているのを見つけたの」
菊丸さんはその馬方を脅して、上前をはねていたという。戦争が終わり虚脱感と安堵感とがないまぜになった雑駁な時代。進駐して来た米兵は女を見つけると片っ端から凌辱するという、まことしやかなデマが飛び交い、実際に事件になったりして、世情はあれに荒れていた。その混乱した世の中は、元「慰安婦」という胸の奥の澱も飲み込んでくれて、生来の菊丸さんの力が発揮できたのかもしれない。

この頃から菊丸さんは、いろんな仕事をしている。横浜市綱島では売春宿の経営を始めたけれど、女の子に逃げられて失敗。次は横浜市反町のマーケットで働いた。男に媚を売る水商売と違って、一所懸命、身体を動かして働けば理解してもらえる、それが嬉しかったという。朝三時から起きて大八車で市場に魚の配給を受け取りに行き、それを適当な大きさに切り分けて配給通帳を持ってきた人たちに売る。午後からは氷の買い出しと、よく働き、店の主人に気に入られた。そのうち、店の主人を通して食糧営団の職員から結婚を申し込まれたり、黒人兵に恋人になれと追いかけられたりした。ところがどういうわけか、周囲の人たちからの信頼が増してくると、菊丸さんは息苦しくなってくる。そしてとうとう、北海道に帰ると偽ってここを辞めた。私は話を聞きながら、「慰安婦」だった記憶が心の奥に澱のように居すわって、健全な市民生活をしている人たちと、売ってはならない肉体を売った菊丸さんとの間に、頑強な壁を造っているのではないだろうかと思った。

北海道に帰る気がなかった菊丸さんは、今度は横浜市桜木町のお汁粉屋に住込み、ここでもよく働いた。ただ食べ物はなんでも売れた時代だったけれど、材料はほとんど統制物資に頼らざるを得なくて、老人と若い娘には統制物質を手に入れることができなかった。結局、商売は成り立たない。そのとき近所の故買屋の主人が「大事にするから」と言って、菊丸さんをもらい受けてくれた。

繁盛している店で、店番をしながら少しずつ商売のやり方を覚えていった。ところが店の主人が留守のときに持ち込まれた絨毯を買ってしまい、これが盗品だったために、警察沙汰になってしまった。同じ時期、たまたま応募した大映のニューフェースに合格して、撮影所に週三回、演技の勉強に通っていて、やっと『真珠夫人』に出演が決まったばかりだったのである。そこへ贓物故買で警察に逮捕されたのだから、結局、女優への道は断念せざるを得なかった。

執行猶予三年の判決が出て、しばらく北海道の両親のもとで休養することにした。ただ生来の働き者の菊丸さんはじっとしていられず、たまたま手伝ったカフェを振り出しに、少しずつ水商売の道へ足を踏み入れて行き、芸者に戻り、釧路でも指折りの割烹の専属になった。この割烹で、トラック島時代の『夫』たちと偶然、再会している。

こうして十年、芸者を続け、この割烹の板前と結婚、東京都三鷹市で一緒に暮らすようになった。ここでも菊丸さんは一所懸命働いたけれど、夫は一緒に暮らしてみると怠け者で結局、離婚。一人になってからは割烹、小料理屋、飯場のご飯炊きと転々としたけれど、錦糸町のキャバレーで出会った工場経営者の世話になって、しばらくは平穏な生活が続いた。ところが旦那の工場の経営が傾き始め、月々の手当ても滞るようになった。

「パトロンばかり頼っている訳にもいきません。自分の口は自分で養わなくてはね。これまでも一人で細々と生きてきたんですもの。これから先だって、なんとか頑張らなくては」

こう言っていたこともあったのだけれど、心の奥にある闇が生き続けることを拒否したのだろう。

菊丸さんが編集部に連絡をとってきたのは、一九七一（昭和四十六）年七月、前年の十二月から連載が始まった「ドキュメント　太平洋戦争」で、「慰安婦」の記事を読んだ菊丸さんが連絡をしてきた。編集部では戦場の取材を進めていくうちに、「慰安婦」の存在を抜きにしては太平洋戦争を語れないことに気がついていたので、菊丸さんからの連絡は渡りに船だった。早速、取材協力を依頼、いい取材をさせて貰った。最初の取材から四十五年近く経つけれど、いまとなっては貴重な資料となった。

菊丸さんの不完全燃焼の人生を、「慰安婦」であったことと結びつけることは難しい。ただ取材中に感じた菊丸さんの心の奥にある何か、それは「肉体を売った」という事実、そのことから、本人自身が目をそらすことが出来なかったのではないか、笑ったり泣いたりした日常がどんなに多くあっても、心の奥にある事実は消えない。どんな理由があっても肉体を売ってはならない。まして「慰安婦」の場合、肉体の売買に国家が手を貸しているのだから、問題はもっと複雑になると、この取材から私は学んだ。戦場には「慰安婦」が必要だとするのなら、それは戦争を止めるべきだろう。

この原稿を書く前に「戦争と女性への暴力」リサーチ・アクションセンターの三人の方とお会いした。そのとき「現在、何をしたら、『慰安婦』だった方々につぐなえると思いますか」と質問された。私は即座に「つぐなうことはできないと思います」と答えた。

肉体を売るということは人間の根源的な問題で、「慰安婦」の取材から、強制はいけないけれど、本人の意志だったらいいのではないかということはあり得ないと思っている。このことは社会科学者やジャーナリストに任せておけばいい問題ではなくて、性科学者や心理学者と一緒に追求してほしい。

誤解を避けるために付け加えておくけれど、償うことが出来ないからこそ、せめて一日も早く、お金やお詫びの言葉が必要だと思っている。ここでは日本人「慰安婦」を取り上げたけれど、朝鮮人「慰安婦」や外国人「慰安婦」の場合、強制連行ということで、もっと傷は深いのだから、彼女たちが生きている間に、少しでもましな方法でお詫びするべきだと思っている。

書籍・雑誌にみる日本人「慰安婦」の戦後

ここでは、第二章の「書籍・雑誌にみる日本人『慰安婦』」でとりあげた十人の日本人「慰安婦」被害者の戦後がどのようなものだったかをみてみたい。ただし、山内馨子（菊丸）さんについては、広田和子論文を参照されたい。

鈴本文（仮名）

一九四三年十二月末に、文はトラック島から船に乗り、横須賀港に降り立った。七歳で花街に身売りされてから父親の借金のために転売され続けてきたが、トラック島で貯めた一万円から父親には五〇〇〇円しか渡さなかった。身の回りのものを思い切り買い込み、着物から羽織、長襦袢、足袋、世帯道具にタンスも買い揃えた。幼いころから親に買ってもらったものは何一つなかった。

一九四四年から五六年まで、大阪の友だちの母親（水商売の仲居）の紹介で、真面目で大人しく二十九歳も年上の男性の「世話」になり十二年間を過ごした。その男性との年齢差に不安感が募ったこともあり、自分の将来の結婚のためにと頼み、三十二歳の時に円満に別れることができた。

その年に、極道の父とはまったく違うタイプの男性と知り合い、四人目の妻として結婚した。夫からは、遊廓や慰安所にいた過去を夫の親族には決して知られることのないようにと厳しく言われていたので、ひた隠しにした。四十歳で生理が止まって性関係もなくなってしまうと、週に一回、夫を「サウナ」に送り出すようになった。

トラック島に行ってみたい、一緒にトラック島に行った人たちと話したいという気持ちはあってが付き合おうとは思わなかった。トラック島でのことが今の生活に波風を立てることがないように常に心がけていたのである。トラック島での稼ぎで買った立派な和箪笥と水屋が、最後に残った彼女の財産だった。

【出典】

「告白！　戦争慰安婦が生きてきた忍従の28年」『アサヒ芸能』一九七三年八月十二日。

広田和子『証言記録　従軍慰安婦・看護婦――戦場に生きた女の慟哭』新人物往来社、一九七五年。

嶋田美子（仮名）

一九四七年、美子は帰国した。一九四九年、筑豊地区にいる戦友が三十人ほど集まり、「慰安婦」だった女性たちを招待した。それ以来、「慰安婦」だった女性たちを招いた戦友会が一年に一度、開かれている。一九三四年以来家族と連絡をとっていない美子にとって、この集まりは救いでもあった。一九六三年、美子はある男性の後妻となったが、戦友たちは彼女の結婚を祝福し、「慰安婦」だったという彼女の秘密を隠し続けた。

【出典】
「いまも続く〝慰安婦戦友会〟の悲しみの秘録」『現代』一九七二年四月号。

高島順子（仮名）

国井が店をたたむのと一緒に、敗戦前に内地へ引き上げた順子は、新宿で小料理屋をはじめた。敗戦後、三十二歳の時に、高島順子は結婚し、焼け残った店を足場に商売を広げていった。新宿に五軒の支店を持つ小料理屋の経営者となるが、その過去を語ることはなかった。

【出典】
大林清「従軍慰安婦第一号順子の場合」『現代』一九七四年四月。
大林清「従軍慰安婦順子の上海慕情」『現代』一九七四年五月。

笹栗フジ（慶子）

一九四五年八月二十二日、慶子たちはビルマのペジャーにある日本軍俘虜収容所にようやくたどり着いた。風紀が乱れるという理由で、「慰安婦」だった慶子たちの入所を拒んだ将校もいたが、軍医の助言で慶子たちは収容所の病院で働けるようになった。次々に送り込まれてくる日本人「慰安婦」の中には、仕事をしようとしない者もいた。しかし慶子は、看護婦と一緒に白いエプロンを着て働くことができるのが何よりも嬉しく、婦長や看護婦に支えられてこの俘虜収容所の病院で働いた。

一九四七年初夏、復員船に乗り広島県の呉に上陸したが、帰国するとすべての稼ぎが新円切り換えで使えなくなっていた。足かけ八年間の「慰安婦」と篤志従軍看護婦の報酬として渡されたのは目的地までの汽車の無賃乗車券一枚だけだった。

帰国しても、実家に帰ることなどは思いもよらず、博多駅で復員船で一緒だった金必蓮、李金花と別れると、慶子は福岡の大浜町に向かい、再び「朝富士楼」で働くことになる。恩人の倉光武夫が番頭をしていた二日市温泉に行かずにはいられなかった。自由の身にしてくれた「倉光武夫の面影か匂いがかげると思ったが、どこにもそれはなかった」。「朝富士楼」では、戦場でのように一日に数十人の男を相手にするようなことはなく、遊んでいるような暮らしだった。

一九五八年に全面施行された「売春防止法」で赤線・青線の灯が消えてから、慶子はいろいろな仕事をした。「料理屋の皿洗い、あやしげな旅館の布団敷きやあやしげな小料理屋の雑役婦、モーテルの雑役婦」。しかし、仕事は変わっても「元女郎だとわかると仕事の仲間たちからも馬鹿にされ、見下げられる」ことに変わりはなかった。

千田夏光氏に会ってから三年後、やっと「仕事の合間を縫いながら、指おり年月日を確かめながら、その『過ぎてしまった』ことを」話し始めた。「夜がふけるのも朝になったのも忘れて語りつづけるのだった」。その時、慶子は六十歳半ばをこえていた。

戦後のことも含め一番辛かったこと、楽しかったことを千田氏に問われて、慶子はこう答えている。

「一番辛かったのは英彦山の麓の家を出るとき。二番目は、『朝富士楼』で初めての客をとらされたとき。あとはみんな同じです。ビルマでのことも、それに較べたらどうということないみたいに思います」「一番楽しかったのは、ビルマの俘虜収容所の病院で看護婦さんたちにまじって、白いエプロンを着て働かせてもらったときです。私もできることなら、あんな看護婦さんになりたかった。病気で苦しむ人たちを介抱してあげられるとですものね。でも、考えてみたら、戦闘に行くのが怖くてウチらの体へ震えながら抱きついてきた兵隊さんたちも、可哀そうといえば可哀そうでした。戦争って下積みの貧乏人から可哀そうなめにあわしていくものですよね」。

【出典】
千田夏光『従軍慰安婦・慶子』光文社、一九八一年。

水野イク

一九四五年五月、イクは南洋テニアン島新港病院で出産した三人目の女児花子を初めて自分で育てる決心をする。米軍の捕虜収容所で、三人の子持ちで四十七歳の日本育ちの朝鮮人山本虎次郎との結婚話が出て、十月に山本の家族と花子を連れて山本の朝鮮の実家に行くが、姑はイクの存在を認めなかった。イクは一九四六年二月に、花子と二人で故郷の岩手県花巻に帰国し、その後上京して池上線の石川台にある母子寮に入り、夕刊売りや瀬戸物の露天売りで生活をしのいだ。

学校に通ったことがないイクは平仮名と片仮名しか読めないので働き口は限られており、一九四七年七月、花子を北区の児童養護施設に預けて、鶴見の私娼街で働くようになった。翌年、馴染みの客で溶接工の井上次助と結婚した。戸籍上妻となったのは初めてだったが、結婚後に井上が手に怪我をして働けなくなり立ち飲み屋で働き始める。

一九五〇年、花子を連れて家を出て、飲み屋の客だった韓国人の中川という男のところに転がり込んだ。中川の仕事に合わせて飯場で飯炊きをした後に、小田原で「ニコヨン」の仕事を始めたが、中川の酒乱がひどくなり、鶴見で再び体を売る仕事をするようになった。

一九五二年、三十二歳で米軍基地がある横須賀の街に立って客取りをするが、警察の手入れで何度も捕まり、花子を育てられなくなるという不安を懐き始めた。その頃イクは同棲していた酒乱の興行師佐々木から逃げ出したいと思っていたが、その矢先、東京の山谷を知った。

一九五五年、花子を連れて山谷に行き、街娼となった。一九五八年、追いかけてきた佐々木と三人で暮らすようになり、「アネゴ」と言われながら、昼間は浅草で八人から十人、夜は山谷で五、六人の客をとった。一九六一年には、山谷で部屋を五室借りておき、廻しで客を取るようになった。一晩で十六人とったこともある。警察には三十四回ぐらい捕まるが、罰金が払えなくて栃木刑務所に一カ月服役したこともあった。

一九八二年、山谷で「立ちん坊」をしている時のひいき客だった木村作造と同棲を始め、その後、二十五年間も一緒に暮らし、二〇〇九年冬、イクは山谷で生涯を閉じた。

生前、イクは『思川』の著者宮下忠子にこのように語っている。

「私に何ができるというの。なんにもないもの。この体しかね。生きるためには、ただそれだけよ」「こんな生き方しかでけんのよ。体を売ることに慣れてしもうて」「でも、金で買われて男と寝るのは、自分を殺さにゃできんよ」「男から男へと、寂しいからいつも一緒になる。いい事がありますようにと祈る気持ちなんだけど、結局、花子と二人になってしまう。どの男も悪い男じゃないよ。上手に生きることができん男なのよ。私とそっくりなのよ。その結果、別れてしまうのね」。

【出典】
宮下忠子『思川——山谷に生きた女たち　貧困・性・暴力　もうひとつの戦後女性史』明石書店、二〇一〇年。

田中タミ

敗戦直後、田中タミは、妻子がいたが別居していた民間人の男に身請けされた。彼は早くから敗戦を予想しており、敗戦になれば慰安所に米兵が乗り込んでくるだろうと考え、玉音放送があってまもなく、タミの借金を払ってくれた。しかし、自由の身になったタミが本当に欲しかったのは、金など介在しない向きあえる関係であった。

男が借りてくれた家に暮らし始めたが何もすることがないので、おでん屋に手伝いに行くことにした。二、三カ月働いた頃、男の別居していた妻が帰ってきたので、タミは実家に帰り、裁縫を習い、畑仕事を始めた。

父は農地解放で地主が手放した土地を三町歩も買い占め、農業を始めていた。それも、元はと言えばタミを犠牲にして作った金であった。父は再婚して三人の子どもたちと暮らしていた。継母は実の子どもには真綿の温かいチョッキを作るがタミの実弟には作らず、文句を言うとタミは父に殴られた。結局父の暴力に耐えきれず、家を出て、食堂や床屋で働いた後、芸者となった。

敗戦後まもない頃で、芸を身につけている芸者は少なく、少女時代に三味線の手ほどきを受けたタミは「三味線の弾ける芸者」ということで売れっ妓となった。老妓よりも芸は落ちるが、二十歳に満たないタミの方が珍重された。タミは置屋の内儀と分け（折半）で契約した。住みこみでは抜露目にかかる費用や着物代金などが借金になるのでタミは看板料だけ置屋に入れればよい「通い」になりたかった。

その頃、弟は中学を卒業し、上野の鉄工所で働いていた。数カ月後、タミは借金を払い終え、独立して小さなアパートを借り、最少限の生活必需品を取り揃えて弟を呼び寄せた。

芸者として働くようになってからも茂原の慰安所にいたことはひた隠しにしていた。慰安所にいたことが知られれば冷やかな侮蔑の目で見られることを骨身にしみて感じていたからだ。

ある日、隣の慰安所にいたフサ(仮名)にばったり出会った。同い年でライバルのような存在だった二人は、再び同じ花柳界で働くようになったが、人前ではお互い茂原のことはおくびにも出さなかった。

父の死を知り故郷に戻り、借金を残して死んだ父の後始末をする。その後、山口県の男性と結婚した。しかし、金がなくなると故郷の親に「マルオクレ」と電報をうつような男に負担を感じて、離婚した。

三十代半ばから洋裁を習い、洋装店を開業した。一時は三店舗のブティックを経営した。現在は一店舗を弟の妻に任せ、一店舗だけを自分で商っている。

いつも自分が慰安所にいたことを人に知られはしまいかとおびえ続けてきたタミは、一方で、自分が体験した辛さを誰かに聞いてもらいたいとの強い衝動に駆られ、一九九二年「慰安婦一一〇番」に連絡をした。

【出典】
川田文子『皇軍慰安所の女たち』筑摩書房、一九九三年。

高梨タカ

敗戦の時、闇屋をやって生計を立てていた高梨タカは、八戸行きの買い出し列車の中で敗戦を知った。タカは以前から「この戦争は負けるよ」と言い、「日本は戦争に負けて良かった。あんな軍隊に威張らせてたら大変。……原住民はどこの人たちもかわいそうだった。戦争に勝つほどひどいもんはない」と繰り返し語っていた。

戦後は自宅を博打場にして生活した。一九五九年八月、五十六歳の時に千葉の鴨川に家を建てて引っ越し、博打もやめて農作業で暮らした。畑仕事で腰を痛めたのか、原因不明の腰の激痛に悩まされ続けることになった。

九歳での住み込み奉公を皮切りに身売りされ続け、パンパン屋で生活、それが唯一生きる道だったタカは、文字が読めなかった。しかし、株を売買して生活費を生み出すなど、度胸とカンで生き続けた。

一九七三年、七十歳の時に東京に戻り、アパートで独り暮らしを続けたが、一九八二年に喘息と原因不明の腰の激痛で緊急入院した。自殺を試みたこともあったが、最後まで病気と闘い、自力で生き抜こうとした。

タカは、南洋に関与した多くの人たちが普通に使っていた当時の差別語「土人」「島人」という言葉を最後まで使わなかった。

【出典】
玉井紀子『日の丸を腰に巻いて――鉄火娼婦・高梨タカ一代記』現代史出版会、一九八四年。

城田すず子（仮名）

ある男の「三号」となっていたすず子は、その男とその妻、「二号」の女性らと共に帰国後、妻妾同居の生活に耐えられず、移動証明も持たずに当てもなく家を出て博多へ向かった。ヒロポン中毒にかかり、米兵相手の「パンパン」、オンリー、遊廓など九州や神戸の各地を転々としながら、「荒んだ」生活を続け、その間に心中未遂も一度行った。東京の吉原や横浜の赤線地帯でも働き、一九五五年、たまたま『サンデー毎日』（一九五五年九月十一日号）で婦人更生施設慈愛寮のことを知って、入寮した。在寮中にキリスト教に入信。性病の後遺症と婦人科の病気に苦しみ、何度か入院し、手術の後、退寮するが、就職も難しく、再び更生施設いずみ寮へ入寮した。自立のために仲間たちとパン工場設立に向けて活動中、脊椎骨折で下半身不随となる。一九六五年千葉県館山市の「かにた婦人の村」の開所とともに同施設に移り、生涯そこで生活する。その間に園長の深津文雄牧師に、南方で犠牲となった元「慰安婦」の追悼碑を建ててほしいとの願いを語り、一九八五年八月十五日、「鎮魂の碑」が構内の元海軍砲台跡に建立された。

【出典】
城田すず子『マリヤの讃歌』日本キリスト教団出版局、一九七一年。
深津春子『かにた物語』かにた後援会、一九九八年。
『サンデー毎日』一九五五年九月十一日。
『朝日新聞』一九八五年八月十九日。

上原栄子

米軍民間人捕虜収容所を出て、米軍キャンプ内で、メイド、コーヒーショップ経営などをして働きながら、米将校のオンリーにもなった。そのなかで、辻遊廓の再建をめざし、一九五二年、米軍接待用のAサイン料亭「松乃下」(英語名は「八月十五日の茶屋」)を開店した。亡くなった妓たちの墓を建て、翌一九五三年春にはジュリ馬(辻遊廓の伝統行事)を復活させた。私生活では米国民政府のスタッフと結婚して米国籍を取得し、一女を得た。

【出典】
『辻の華——くるわの女たち』時事通信社、一九七六年。
『辻の華』戦後篇上、時事通信社、一九八九年。
『辻の華』戦後篇下、時事通信社、一九八九年。

まとめ・整理＊山田恵子・吉池俊子・山口明子

〈コラム〉
かにた婦人の村で戦後を送った城田すず子さんの戦後

天羽道子

婦人保護長期入所施設「かにた婦人の村」の山頂に、「鎮魂の碑」と墨書された一本の檜の柱が建ったのは、一九八五年八月十五日の夕べであった。一年後、「噫　従軍慰安婦」と彫られた石の碑となったが、戦後四十年を前にした城田すず子（仮名）の「慰霊塔を建ててください」という願いによるものだった。

「それが言えるのは私だけです。生きていても、そんな恥ずかしいこと、誰も言わないでしょう」

城田自身が、自ら特要隊（海軍の「慰安婦」）であったことをさらけ出す告白でもあった。『朝日新聞』は『天声人語』で取り上げ、ＴＢＳラジオは「石の叫び」と題した一時間番組を流した。彼女は、韓国メディアの取材にも応じるなど心身を使い果たし、ドクターストップがかけられ、取材に応じる気力も減じた。それから八年後、病に侵されて七十一年の生涯を閉じた。城田にとっては苦難の人生からの解放でもあった。

言い難いことを言い、自分をさらけ出すに至った要因は、何であったのだろう。

まず特筆すべきは、たまたま御殿場駅ホーム売店で買い求めた『サンデー毎日』。そこに掲載されていた「更生施設慈愛寮」。城田はその場で目的地を変えて慈愛寮を訪ねた。水商売からの転換を願っていた城田の新しい人生、更生への道が始まった。一九五五年秋のことであるが、偶然なのだろうか。そこから始まった城田の第二の人生と、城田が遺したものに思いを致すと、必然性を感じてならない。慈愛寮入寮後、近くのホーリネス教会に誘われ、子宮の全摘手術の日の朝、城田は洗礼を受けている。キリスト教との出会いに、城田は百八十度の転換の原動力を得、「慰安婦」告白にまで至ったのではと思われてならない。

慈愛寮在寮中に病気を治し、帰宅を促されて寮を出たものの、家には上がれず、ベテスダ奉仕女母の家の館長だった深津文雄牧師を訪ね、一冬を寒い軽井沢で一奉仕女と共に過ごし、一九五八年四月開所の「いずみ寮」に入寮した。

開所四カ月後に創刊された『原石』に、彼女は「蛇」と題して早速投稿している。

私はアダムの時以来の　わるい代表の蛇です。　私はそのながい間の汚名をなくすため主にあわれみを乞いました。泪を流しながい体をまるめ　青みどろの沼からぬけだすため主にあわれみを乞いました。（後略）

当時、深津寮長が提唱した「コロニー」論に深く同調し、来訪のキリスト教婦人矯風会久布白落実先生に「コロニー」の必要性を訴えて、「ここに種をまくから育てなさい」と、先生ががま口から出された五二円を受け、「コロニー後援会」の発足となった。しかし、当の本人は風呂場でバケツ一杯のお湯を持ち上げた途端、脊椎を損傷し、六年半の病院生活を送ることとなった。この間、口述筆記によって『マリヤの賛歌』を編み、ひたすら病床でコロニー実現を祈り続け、一九六五年、千葉県館山市に「婦人保護長期収容施設　かにた婦人の村」が創設されが、開所六日前、フォルクスワーゲンブスで運ばれ、開所と共に入所者の一人となった。

しかし、入所後二十八年間、城田は下半身不随のため一日たりとも作業場に出向くことはできなかった。自室でよく編物や縫物などをし、よく本や新聞を読み、よく手紙を書いた。それも、大統領や総理大臣、国会議員、文士、報道関係者宛に。また、見た夢や幻の話を大学ノート何冊にも書きなぐっている。

一九七八年に看護棟（高齢者棟）が建ち、一室を与えられて、城田はこう述べている。

「道、看護寮への道。はるかな遠い道だった。――静かな病室で暮らしたいと祈った。祈った。毎日毎晩祈った。通じたのね。神様にね――」。

この自室から、納骨堂の必要性を訴え、慰霊塔を要望し、全てを叶えられて逝った。

一九九三年三月永眠。

〈コラム〉

シンガポールに置き去りにされた日本人「慰安婦」

西川 幸

歴史の闇の中に隠されている七十年前の日本人「慰安婦」の調査はたいへんに困難な作業です。まだ生きておられる被害女性がいるに違いないのに、日本社会の閉鎖的な根深い差別意識が名乗り出ることを恐れさせ、許さないのです。

「NHK問題を考える会（兵庫）」の呼びかけ人の一人である森脇敦子さんは、現在八十七歳ですが、一九九三年五月にシンガポールに旅行をしたとき、置き去りにされた元「慰安婦」だった人に会われました。戦死した日本人兵の墓地を案内してくれた旅行会社のガイドの日本人女性です。当時、六十歳代半ばぐらいに見えたそうです。

たまたま、出身が同じ長崎県ということがわかって、少しずつ身の上話を聞きました。彼女は「南方に仕事がある」と言って連れていかれたところがシンガポールでの慰安所で、そのまま「慰安婦」にされてしまったのです。当時は十九才か二十才くらいだったでしょう。涙ながらに話されるところによると、戦争に負けて日本兵は引き揚げたが「慰安婦」にされた女性たちは敗戦を知らされず、放置されたとのことでした。

途方に暮れていたところ、親切な現地の男性が面倒をみてくれて、彼と結婚したということです。

故郷に帰れば、「慰安婦」だったことが分かり家族が差別され、迫害されるに違いないので日本に帰ることができず、ずっとシンガポールに残っているということでした。彼女の話によると、長崎県は特にこういう女性たちが多かったそうです。

お二人は肩を抱き合って泣きながらも「頑張って生きていきましょうね」と励まし合いました。この時の二人の記念写真をお借りして、私たちの会のニュースに載せたことがあります。「慰安婦」と言えば朝鮮、中国の人ばかりと思っている人がほとんどですが、騙されて「慰安婦」にされた日本人女性の数は少なくなかったと思われます。

また、どのようにして日本の一般女性を「慰安婦」として徴集したのでしょうか。私たちの会の代表、貫名初子さんは現在九十四歳でお元気ですが、戦時中、もう少しで騙されて「慰安婦」にされるところだったといいます。

結婚して間もなく、大学教授だった夫が軍属ということでインドネシアに渡りましたが、いつしか音信不通になりました。そんな時、ある運送会社がインドネシアでタイピストなど事務員を募集しているという話がありました。貫名さんは夫を探すべくＹＭＣＡに通ってタイプとインドネシア語を習って応募しました。その運送会社はインドネシアの日本企業や民間人の管理を軍から任されていたのです。

当時、神戸の垂水港から船が出ていました。応募してきた女性を毎回四〇人ずつ運んでいました。ところが何日待っても出航の知らせがないので、貫名さんはその運送会社にいたご主人のお兄さんを問い詰めたところ、船はすでに出航した後だったのです。義兄が心配して事前にインドネシアに行って調べたら、日本から行った女性は「慰安婦」にされていたということで、そのため、出航を知らせなかったのです。もし、お兄さんがインドネシアで調べて来なかったら貫名さんは「慰安婦」にされていたかもしれません。「慰安婦」の徴集は軍が売春業者を使って行っただけでなく、企業も協力していたということでしょうか。この運送会社の社史を調べたら、何人の女性を運んだかなどわかるかもしれないと思います。貫名さんは戦後、神戸市議会議員を四期務められ引退されて、現在も「慰安婦」問題やＮＨＫ問題などの市民運動の先頭に立っておられます。

日本軍「慰安所」からRAA・占領軍「慰安所」へ

平井和子

はじめに

本章では、戦争を生き延びた日本人「慰安婦」たちが帰国後直面した日本本土の社会を理解するために、敗戦直後の売買春の状況を見ていこう。

敗戦によって日本軍「慰安所」は終わりを告げたが、占領軍を迎えるにあたって、一九四五年八月十七日に成立した新内閣のもと、今度は占領軍向けの「特殊慰安所」の開設が始まった。日本軍「慰安所」と占領軍「慰安所」は、設置の歴史的背景と利用する者は異なるものの、開設の目的と発想、動員対象とする女性等、システムの連続性の方が大きい。国策慰安ともいうべき占領軍への売春策が推し進められる中で、焼け残った遊廓の女性や戦争によって生活基盤を失った大量の女性たちが、ここに吸収された。そのなかに、日本人「慰安婦」たちもあった。

占領軍「慰安所」について記した著作には、東京に設置されたRAA（特殊慰安施設協会）に関する物が多く、一九五〇年代から、政府官僚や警察の資料を基にしたルポルタージュが出されている（住本利男『占領秘史』上下、毎日新聞社、一九五二年、小林大治郎・村瀬明『みんなは知らない　国家売春命令』番町書房、一九七二年、鏑木清一『進駐軍慰安作戦』番町書房、一九七二年など）。同時に五〇年代には、RAAの女性の手記と銘打って、実のところ男性読者に向けた政治性とポルノグラフィーを合わせ持つ男性編集者によるフィクションがベストセラーになった[1]（水野浩編『日本の貞操——外国兵に犯された女性たちの手記』蒼樹社、一九五三年、五島勉編『続　日本の貞操』蒼樹社、一九五三年、田中貴美子『女の防波堤』第二書房、一九五七年）。一方、RAA幹部へのインタビューとGHQの公衆衛生福祉局（以下、PHW）の資料に基づく詳細な叙述は、ドウス昌代の『敗者の贈物——国策慰安婦をめぐる占領秘話』（講談社、一九七九年）である。女性の視点から占領軍「慰安所」に迫ったルポルタージュには、山田盟子の『占領軍慰安婦　国策売春の女たちの悲劇』（光人社、一九九二年）、いのうえせつこ『占領軍慰安所』（新評論、一九九五年）がある。以上のような研究に加えて、近年新たな資料発掘が進み、RAAの総務部の坂口勇造が記録した『R・A・A協会沿革誌』（一九四九年、以下『沿革誌』）が復刻された[2]。この『沿革誌』によって、これまでさまざまに記述されて来たRAAの実像がより摑みやすくなった。

一、RAAと「特殊慰安所」の開設——発想の継続

一九四五年の夏、いよいよ日本の無条件降伏が決定的になる八月十五日前後、警視庁首脳部は来るべき占領軍上陸に伴う性暴力を想定し、連合軍兵士への性対策について密議を始めている[3]。八月十七

日に成立した敗戦処理内閣である東久邇宮内閣でも、占領軍による性暴力への危惧が話し合われたようで、国務大臣として入閣した近衛文麿は、閣議直後（十七日か十八日と考えられる）警視総監坂信弥《さかのぶよし》を呼び、良く知られる「日本の娘を守ってくれ、この問題は一部長に任せず君が先に立ってやるように」と要請した。[4] 近衛の要請を受けて坂は、警視庁保安課長・高乗釈得《たかのりしゃくとく》に任を命じた。高乗は十八日、東京料理店組合長らを呼び出し、「連合国軍の将兵を慰安する為に、各種施設をつくることを閣議で決定した」、「政府が出来るだけの応援をするから、是非民間でやってもらいたい」と懇願し、業者側も「四千万大和撫子の純血を守るために」と承諾をした。[5] このような流れによって、大蔵省を通じて日本勧業銀行から五〇〇〇万円（『沿革誌』では三三〇〇万となっている）の融資を受け、警視庁の主導の下、都下接客業七団体によって、八月二十三日に特殊慰安施設協会（十月から Recreation and Amusement Association＝RAAと称す）が設立した。米先遣隊が厚木に到着した二十八日には、皇居前で設立宣誓式を行い、米軍の進駐ルートと考えられる大森海岸に慰安所第一号「小町園」をオープンさせている。ポツダム宣言受諾から二週間後、この間、ものすごいスピードで事が運ばれている。政府や治安当局の男たちの発想のベースにあったものを坂は、後に内務省官僚の座談会で「東久邇さんは南京に入城されたときの日本の兵隊のしたことを覚えておられる。〔中略〕そこで、アメリカにやられたら大変だろうなという頭はあっただろうと思います」[6] と語っている。坂は日中戦争時、後に特撃隊の出撃拠点となった鹿児島県の鹿屋《かのや》基地に「慰安所」をつくった人物である。RAAは、東京都を中心に四三施設（うち、「慰安所」は十四、キャバレーは九カ所、その他は病院や旅館など）を設けた。

近衛の命を受けた坂が警視庁保安課長を通じて東京都下の業者に「慰安所」づくりを要請したその

日（八月十八日）、内務省警保局長から全国の府県長へ向けて「外国軍駐屯地に於ける慰安施設について」が無電通牒された。これを受けて全国の占領軍進駐地域に占領軍向けの「慰安所」が次々とつくられていく。設置方法は、県と警察が業者に働きかけて「慰安所」を開設されるパターンが最も多いが、そのなかでも東京と同じく「特殊慰安施設協会」というネーミングをしたのが、青森県、岡山県、広島県である。そのためＲＡＡが全国組織であるかのような誤解を受けやすいが、それぞれ別個のものであり、ＲＡＡはあくまで東京を中心に（一部、熱海・箱根、市川）設置されたものである。急を要したため、警察が自ら「慰安所」開設に当たり、その後業者へ組合をつくって経営に当たらせたケースが横浜市、茨城県、愛媛県、岩手県である(7)。

占領軍の第一陣の進駐先となった神奈川県では、警察部保安課を挙げて準備にまい進し、戦災を逃れた横須賀から遊廓の女性たちを集め、海軍工廠工員宿舎などを利用して「慰安所」を開設した。そのハウツーが他県の参考とされ、各地の警察が横浜や横須賀を視察に訪れ、その方法を持ち帰った。このとき「慰安所」づくりに奔走した警察官の認識は、米兵は「いずれも激しい戦闘のなかを生き抜いてきた若者たちであり、なお戦場における凶暴性と性への飢餓感をあわせて持っている(8)」というものであった。横須賀の「慰安所」第一号となった安浦ハウスの開設に当たって、横須賀警察署長は集められた女性たちを前に「戦争に負けたいま、ここに上陸してくる米兵の気持ちを皆さんの力でやわらげていただきたいのです。このことが敗戦後の日本の平和に寄与するものと考えていただき(9)」と語っている。このように、戦場で戦って来た兵士たちは「凶暴性と性への飢餓感」を持ち、それを女性の「慰安」によって「やわらげ」るという発想が、政府の閣僚から警察官にまで共有されたからこそ、米軍の進駐に間髪を入れず各地に「慰安所」が開設されたのである。このような警察の呼びかけに対して、娼妓たちのなかに、「すすんでその身を提供した慰安婦たち」があったことを保安課主任の遠藤保が次のように語っている。

「〔横浜の〕真金町にいた女たちが、こういうよごれた体で国の役に立つなら、よろこんでやりましょうと言って、〔中略〕最初の二か月位は涙の出るほど献身的にやってくれました[10]」。

この過酷な性動員に「応じた」娼妓たちが、「よごれた体で国の役にたつなら」と言ったとするなら、それは社会のなかで底辺に位置付けられ、冷ややかな視線を浴びて来た女性たちに内面化されている貞操観念が、自らの「犠牲的」行為を鼓舞する契機となっているとみるべきであろう。このときの「国のため」という底辺女性たちのナショナリズムのジェンダー利用は、戦争中、日本人「慰安婦」を動員するときにも男性たちによって使われた常套手段である。保安課の男性の「よくやってくれました」という言葉や「功績」という位置づけは、家父長制国家による女性への性的搾取という本質を覆い隠してしまう。

特殊慰安所の開設を記述する各県の警察史は、一様に「このようなことは屈辱的であったが、善良な一般婦女子を守り、民族保護のため、当時としてはやむを得ないことであった[11]」と書いている。また、慰安所に米兵が押し寄せたことを「盛況を呈した」という書きぶりも共通している。

ＲＡＡや地方の特殊慰安所に、米兵たちが押し寄せたのも事実である。本来米陸軍省の基本政策は一貫して売春禁圧策であったが、海外の派遣先ではこれは建前化していた。兵士の間に性病が蔓延したことと、従軍牧師の激しい批判を受けて、一九四五年四月には陸軍長官が改めて「海外作戦方面ににおける売春について」[12]を通達し、買春を容認しない旨を強調した。しかしPHWの局長・サムス大佐は、太平洋戦域の激戦地で戦ってきた兵士たちには占領当初、買春を禁止させるより、買春を前提として性病予防を徹底させることが重要だと考えていた。これには、太平洋陸軍の軍医総監も第八軍憲兵司令官も賛成している[13]。したがって、敗戦国政府が用意した「慰安所」は、彼らにとっても好都合であり、PHWや米軍はこれらを利用して日本側に性病検診を徹底化させたのである。売春女性たちを登録制にし、女性たちに定期検診を強制し、検診を受けた女性へ検診カードを発行した。性病感染者は拘束して強制治療を行った。一方、「カード」を持たない街娼に対しては「狩り込み」と呼ばれる強制排除を米憲兵と日本警察とが共同で行った。これは日米男性たちの合作による女性への組織的性暴力である。

米兵の性病罹患率が上昇したことと、「慰安所」に殺到する兵士の写真が新聞記者によって本国へ伝わり批判が挙がったこと、また、来るべき公娼制度廃止指令に向けて、という理由で、地方につくられた「慰安所」は、四五年十二月中旬に各軍政部から閉鎖命令が出された。一方、RAAの性的「慰安所」は、四六年一月の公娼廃止指令とかかわりなく利用され続けたが、三月二十七日、性病蔓延によって米太平洋陸軍司令部の立ち入り禁止指令を受け閉鎖された。

尚、RAAに集められた女性たちの数を「最盛期には七万人、閉鎖時には五万五〇〇〇人」とすることが通説のようになっているが、『沿革誌』に掲載されている「慰安所」やキャバレーの写真に勢ぞろいしている女性の数は一施設に五〇人ほどで、ここに写らない女性数を二倍、三倍としても、「慰安所」とキャバレーの、合わせて二三カ所に「慰安婦」として働いた女性たちは多く見積もっても五〇〇〇人以下ではないかと考えられる。[14]したがって、「七万人」という数字は、RAAを含めて、警察や民間業者によって全国につくられた「特殊慰安所」に集められた女性たちの総数と見たほうが適切ではないかと考える。

二、日本軍「慰安所」から占領軍「慰安施設」へ——システムの継続

RAAの性的「慰安所」第一号となった「小町園」は開設に当たって、旧日本軍の「慰安所利用規定」を参考とした。日本兵に課したのと同様に、米兵は入り口で金を払ってチケットを受け取り、空いている部屋に通されると女性へチケットを渡し、女性は翌日経理係へチケットを持っていき、五割の金を受け取るという仕組みである。[15]本章の一で、旧日本軍「慰安所」設置の発想とシステムの連続性を見たが、ノウハウにおいても日本軍「慰安所」のやり方が占領軍「慰安所」に受け継がれているのである。

「慰安所」は焼け残った遊廓を利用する場合（呉市の吉浦遊廓、静岡県磐田町の中泉遊廓・藤枝町の藤枝遊廓の利用など）や軍関係施設を利用する場合が多いが、戦争中の企業整備によって「産業慰安所」となっていた建物を「慰安所」にする場合も見られる。洲崎遊廓三六軒は戦争末期に立川市羽衣町へ移転させられ、軍需産業に従事する工員用の「産業慰安所」になっていた。ここに敗戦後、RAAの「慰安所」が設置された。RAAの閉鎖後は、この地区に立川基地の米兵相手の「パンパン」女性たちが集合し「赤線」地区となっていくのである。また、戦争中の「皇軍慰安所」を米軍の進駐にあわせて

占領軍「慰安所」に移行させた例は、小倉市に見られる。[16]広島県の西に位置する大竹町には、四五年の十二月に地元警察と米軍が県警と業者と連絡を取りながら、元三菱化成の工場寮に「慰安所」を設けている。大竹警察署長の県への報告書（「連合軍大竹地区進駐状況ニ関スル件」[17]）には、この寮が「衛生其ノ他諸施設比較的整備シ居リタル」とあることから、産業慰安所であった可能性が考えられる。ここでは、八人の「慰安婦」に対し、多数の米兵が押し寄せ「昼夜兼行盛況」であると報告されている。

また、旧日本軍の物資が占領軍「慰安所」にも流用された。RAAの月島倉庫には日本軍のサック（コンドーム）が大量に保管され、当時RAAで働いていた男性は「これを見た時はびっくりした」と語る。[18]土浦に警察官舎を利用して開設された「慰安所」も、日本の海軍の寝台や布団を運び込んで利用している。[19]何より、占領軍相手の女性を、旧日本軍同様に「慰安婦」と称したこと、特にRAAや特殊慰安所開設時には、女性たちを「特別挺身隊」・「女の特攻」と呼んだことは、占領軍「慰安婦」たちが日本軍「慰安婦」と連続する状況にあったことを雄弁に示している。

三、日本軍「慰安婦」から「パンパン」へ――人的継続

日本軍「慰安婦」が徴集されるに当たって、日本国内からの「慰安婦」には、公娼たちが対象とされたように、占領軍「慰安婦」にするべき女性として、RAAや警察はまず、遊廓の女性たちをターゲットにした。RAAの慰安所第一号となった「小町園」に送られた三十人の女性たちは公娼であった。静岡県では、大井飛行場付近にあった日本軍「慰安所」に敗戦後残っていた女性八名を、御殿場

に連行している。[20]ここで女性たちは、短時間に一人最高二五人の相手を強いられ、女性たちを連行した警察官は、「(潤滑剤の代用として)ふのりを溶かして使った」と証言している。彼女たちは、戦争中は日本軍「慰安婦」として使われ、敗戦後は、占領軍「慰安婦」として酷使されたことになる。日本軍「慰安婦」と占領軍「慰安婦」が連続しているのである。このような例は、占領のごく初期、米軍の進駐先となった全国各地で存在したのではないだろうか。

先に見たようにRAAや警察は、「慰安婦」にする女性として、旧遊廓の女性たちをターゲットにし、貸座敷業者時代の名簿などを頼りに女性たちを口コミで動員した。同時に、RAAは新聞に盛んに募集広告を出している。そこでもまず芸妓や元従業婦の女性たちが対象とされ、「元カフェバー従業婦諸君ニ告グ」と題して「戦争終結後ノ新生日本ハ曾テノ諸君ノ職場ヲ通ジテ御奉公ニ期待スルコト今日ヨリ急ナルハシ」(『上野新聞』一九四五年九月三日)と呼びかけている。「経験者優遇、無経験者ニテモ可」という募集広告も、その他のローカル紙に多く見られる。「急告・芸妓・三千名(進駐軍慰安)」という広告は、九月から十月にかけて、東北から静岡、長野のローカル新聞に出されている。

元公娼の女性たちだけでは不足するので、RAAは敗戦によって生活基盤を失った女性や遠方の女性たちも募集の対象とした。四五年九月三日の『毎日新聞』(東京版)に特殊慰安施設協会名で掲載された最初の広告「急告　女子従業員募集」には「衣食住及高給支給　前借ニモ応ズ　地方ヨリノ応募者ニハ旅費ヲ支給ス」となっている。東北や長野県の新聞には、「応募上必要ナル旅行配給移動ニ特権アルハ勿論契約後ノ食糧其他生活ニ対シ充分ナル保証ヲ与フ」(『信濃毎日新聞』四五年九月十二日、『新岩手新聞』九月十一日)とうたっている。このような募集広告は、元芸娼妓や戦争による生活難を生きる女性たちには魅力的に思えたことだろう。どれほどの応募があったかは不明であるが、「応募者殺到」、「第一回募集に応募者殺到一三六〇名採用さる」という記録[21]があり、広告によって応募してきた女性には「アマ上がり（未経験者）」が多かったとRAAの情報課長・鏑木清一が座談会で語っている[22]。鏑木は、彼女らの多くが「慰安所」閉鎖後、「ほとんどが街娼となって散っていった」と語っていることからも、RAAや特殊慰安所に集められた女性たちの多くが、その後の「赤線」や基地周辺の米兵相手の「パンパン」になっていったと考えられる。敗戦直後、「性の防波堤を築く」との合言葉で設置された「慰安所」であるが、それらは「防波堤」となるどころか、新たな売買春の拡大につながったと言えるだろう。

占領軍「慰安婦」・「パンパン」となった女性たちの中には、戦争中日本軍「慰安婦」としての経験を持つ女性も多くあったと考えられる。本書で取り上げた、日本人「慰安婦」のうち、城田すず子は、RAAの閉鎖後に帰国したものの米兵の「オンリー」となって各地を転々とした。「菊丸」こと山内馨子は、帰国後短期間であるが米軍相手のキャバレーで働いている。しかし、日本人「慰安婦」のカムアウト自体がなされていない状況下、その実数は不明のままである。

おわりに

一九九一年の韓国人元「慰安婦」のカムアウト以降、日本軍「慰安所」システムを「人道に対する罪」と位置づけ、その戦争犯罪性を厳しく問う動きは、この二十年間息長く続けられていた。しかし、日本軍「慰安所」の延長線上にあるRAAと特殊慰安所に集められた女性たちへの人権侵害は未だ不問にされたままである。人々が軍事による抑止力を信じ、兵士には「性的慰安が必要」という認識に囚われている限り、軍隊と性暴力の被害者は名乗り出ることはできない。

敗戦後、約七十年間日本国民が「抱きしめて」来た憲法第九条体制は、これを「戦後レジームからの脱却」と称する安倍第二次内閣によるなりふり構わぬ骨抜き、解釈改憲の下で、風前の灯火である。しかし、アジア・太平洋戦争と敗戦後の軍隊「慰安婦」に象徴される女性の人権侵害の歴史を詳細に辿って来たわたしたちは、軍隊（国家）がいざとなったら、女性を放置するだけではなく、自分たちを守るための楯にすることを知っている。この重い歴史を踏まえて、軍事化の過程で絶えずレトリックとして使われる女性の二分化（護るべき「良家の子女」／犠牲にすべき「特殊女性」）を超える思想と実践をわたしたち（女性も男性も）が、どのように積んでいけるのかが問われている。

〈注〉

（1）マイク・モラスキーは、『日本の貞操』が女性の告白によるものではなく男性によって書かれたフィクションであったこと、『女の防波堤』の筆者は男性であったことを突き止めている。そして、この種の告発本は、「男性によって、主として（ヘテロセクシュアルの）男性読者のために書かれた占領物語の代表作として読まれるべき」とし、「他の多くの男性による物語と同様、女性が実際にこうむった性的蹂躙を抜け目なく流用することで、占領時代の記憶を、ジェンダー・イメージに依存した国民的アレゴリーへと構築する」と位置付けている。『占領の記憶／記憶の占領』青土社、二〇〇六年、二三〇〜二五〇頁。

（2）『性暴力問題資料集成』第一巻、不二出版、二〇〇四年。
（3）粟屋憲太郎編『資料現代日本史2――敗戦直後の政治と社会一』大月書店、一九八〇年。
（4）大霞会『続内務省外史』地方財政協会、一九八七年、三〇九～三一〇頁。同様の証言は以下でも確認できる。住本利男『占領秘史』上　毎日新聞社、一九五二年、四六頁。
（5）『R・A・A協会沿革誌』、一九四九年、一頁（『性暴力問題資料集成』第一巻、三〇二頁）。
（6）前掲『続内務省外史』三〇九～三一〇頁。
（7）設置方法と特徴の分類については、平井和子『日本占領とジェンダー』有志舎、二〇一四年を参照されたい。
（8）『神奈川県警察史』下巻、一九七四年、三四六頁。
（9）前掲『神奈川県警察史』三四七頁。
（10）前掲『神奈川県警察史』三四五頁。
（11）例えば『静岡県警察史』資料編下巻、一九七九年、五八六頁など。
（12）RG112/31/1273,RG496/187/1584（米国国立公文書館所蔵資料 Record Group（RG）/Entry/Box）。
（13）奥田暁子「GHQの性政策」恵泉女学園大学平和文化研究所『占領と性――政策・実態・表象』インパクト出版会、二〇〇七年。林博史は、サムスや性病管理将校のゴードン中佐、第八軍、第六軍関係者は陸軍省の方針に従わず、管理された売春制度（公娼）の再確立を主張していたこと、一九四五年十月には売春宿をオフリミッツにしている司令官を批判していた、としている。「アメリカ軍の性対策の歴史」『女性・戦争・人権』第七号、二〇〇五年、一〇四頁。
（14）RAAの性的「慰安所」閉鎖時の女性の数をドウス昌代は「約五百人強」としている。ドウス昌代『敗者の贈物――特殊慰安施設協会RAAをめぐる占領史の側面』一九七九年、一九九五年重版。講談社、二一五頁。
(15)前掲『敗者の贈物』七二頁。
(16)『小倉市六十三年小史』一九六三年、一一二頁。
(17)呉地方復員□□管理部参謀部『昭和二十年　呉進駐関係綴』防衛研究所図書館所蔵。
(18)渡辺保雄さん（一九二六年生）、ＲＡＡ理事の渡辺政次の甥。二〇〇五年二月聞き取り。
(19)池田博彦『警察署長の手記』下、筑波書林、一九八三年、七〇頁。
(20)小長谷澄子『静岡の遊廓二丁町』文芸社、二〇〇六年、一七〇～一七二頁、小長谷氏自身による元熱海警察署風俗係への聞き取りによる。
(21)「売春に関する年表――終戦直後から昭和三十一年十月まで」神近市子編『サヨナラ人間売買』現代社、一九五六年、二二九頁。
(22)「座談会Ｒ・Ａ・Ａの回顧」『内外タイムス』一九六一年三月十二日。

〈コラム〉

元「慰安婦」たちの「戦後」

——日本人／朝鮮人／中国人ではどう違ったか

金 富子

「戦後」の意味が、日本人／朝鮮人／中国人では異なることから始めなければならない。日本人の「戦後」とは、十五年戦争（一九三一年～）またはアジア太平洋戦争（一九四一年～）を含む第二次世界大戦での「日本敗戦」（一九四五年八月十五日）——日本では終戦と言い換えられるが——以後を意味する。しかし朝鮮にとって日本敗戦は植民地「解放」（光復）であり、その後に全土を焦土化した朝鮮戦争（一九五〇—五三年）以後が「戦後」である。中国でも日本敗戦は「抗日戦争勝利」であり、その後の国共内戦（一九四六—四九年）以後が「戦後」になるだろう。

しかし元「慰安婦」たちにとっての「戦後」は、日本人／朝鮮人／中国人にかかわりなく、やはり日本敗戦によって日本軍将兵たちが目前から消え、日本軍が立案・運営・管理した慰安所制度が瓦解したから時から始まったと言えよう。それは「新たな被害」の始まりとなった。韓国人元『慰安婦』の証言を数多く聞き取った梁鉉娥《ヤンヒョナ》氏は、「『慰安婦』女性の被害は慰安所で終わるのではなく、そこからはじまる」（二〇一〇、三四〇頁）と指摘したが、これはアジア各国・地域の被害者にも当てはまる。もちろん「被害のあり様」は被害者個人によって異なり多様だが、日本人／朝鮮人／中国人が置かれた歴史的・社会的な文脈に沿ってそれぞれに共通性がある。本コラムは、「慰安婦」や性暴力にさらされた日本人／朝鮮人／中国人女性にとっての「戦後」の意味を「トラウマ」「PTSD」を通して、みていきたい。

性暴力被害者に高い女性のPTSD発症率

トラウマとは、命の危険にさらされたり、性的な侵害をうけたりといった衝撃的な出来事にあったときに生じる心の傷（心的外傷）のことだ。トラウマの特徴は、あまりの衝撃に「言葉を失う」経験なので、「言葉になりにくい」「言えなくなる」ことだ。そのトラウマ反応の1つが「PTSD」（心的外傷後ストレス障害、Post traumatic stress disorder）である。それは、「トラウマ体験から一定時間たった後も、特定の症状が残り、著しい苦痛や社会機能をさまたげている場合にのみ使われる病名」（宮地尚子二〇一三、十四頁）である。PTSD症状には、極度の緊張や警戒が続いたり、フラッシュバックや悪夢などで突如として記憶がよみがえったり、トラウマ体験を思い起こさせるものを避けたり、感情反応がなくなったり、自責の念にとらわれたりする、などである。

宮地（二〇一三）によれば、トラウマ体験にはジェンダーの差異があり、男性は災害・事故・暴力・戦闘、武器による脅迫などでPTSDが発症するが、女性に圧倒的に多いのは性暴力被害である。しかも性暴力被害は、ほかのトラウマ体験よりもPTSDの発生率が高い。「慰安婦」被害や戦時性暴力被害は、精神科医により「PTSD」あるいは「複雑性PTSD」と診断されている。

日本人被害者たち――「心の奥の深い闇」

日本人被害当事者の証言は、多いとは言えない。本書で紹介された事例からみると、「慰安婦」の前歴が①極貧家庭に生まれ身売り(＝人身売買)や口減らしにより娼妓になり、借金返済等のために「慰安婦」に鞍替えしたケース(菊丸、慶子、水野イク、鈴本文)、②「仕事がある」と騙されて「慰安婦」にされたケース(コラム「シンガポールに残された日本人『慰安婦』」)があるが、前歴によって「戦後」のあり方に違いがあったと推測される。

後者の日本人女性は、敗戦を知らされず戦後放置され、生きるために現地の男性と結婚したが、過去が露見して家族に指弾されるのを恐れて故郷に戻れなかったという。現地に置き去りにされた朝鮮人被害者の「戦後」に酷似しているが、日本人被害者としては稀なケースだったと思われる(その意味で前述コラムは貴重である)。

日本人被害者に特徴的とされる前者の女性は、戦後、実家に帰らず、ほとんどが売春・ホステス業や雑業を繰り返しながら生き延びた。占領軍「慰安婦」になったケースもある(平井和子論文二四四頁参照)。彼女たちは、一定の相手と安定した関係や生活を築くことは難しかった。

朝鮮人/中国人との大きな違いは、戦後に、「慰安婦」時代を「人生のなかで一番よかった」(菊丸)、「(朝鮮人と比べて)楽だった、辛いという思いはなかった」(水野イク)などと回想していることである。また「死んだら靖国神社に行ける」(菊丸)というナショナリズムも作用した。それは、あまりに悲惨な幼少時代、一転して日本人ゆえに特権的待遇を与えられた「慰安婦」時代、にもかかわらず「戦後」は不安に満ちた境遇に置かれたことの裏返しであった。被害者であることを自覚できないことが、日本人被害者の特徴と言えよう（DV被害者と似ている）。といっても彼女たちは、「慰安婦」時代を口外していないし（菊丸）、夫から「過去のひた隠し」を強いられたりしている（鈴本文）。結局、菊丸は自死を選んだ。家族・社会から疎外された点は他民族の被害者と共通するが、韓国や中国のように社会的に問題が認知されたり、支援活動も起こらなかったその意味で本書は貴重である。

戦後も売春を繰り返した水野イクは「体を売ることに慣れてしもうて」と語る一方で、「金で買われて男と寝るのは、自分を殺さにゃできんよ」と述べることを忘れない。菊丸に直接取材した広田和子（本書第三章）は、広田の「不用意な言葉」に菊丸が「針鼠のように」極度に反応したことを「心の奥の深い闇を抱えている」と表現した。それはＰＴＳＤ症状と言い替えることができよう。その正体を、広田は次のように述べる。「『肉体を売った』という事実、この事実から本人自身が目をそらすことが出来なかったのではないか」と。

朝鮮人被害者たち――故国帰還の不可能性、深刻なＰＴＳＤと家族・社会からの疎外

朝鮮人被害者たちの場合、①日本敗戦後に戦場に遺棄され死亡したケース、②現地に置き去りにされ海外に残留したケース、③運よく故国に帰還したケースがあった（梁鉉娥二〇一〇）。②では中国武漢に置き去りにされた被害者が知られているが、ほとんどが生き延びるために現地の男性と結婚した（韓国挺身隊問題対策協議会・挺身隊研究会編一九九六）。しかし先述の日本人被害者とは異なり、故郷に帰る意思があっても帰れなかったのは、米ソ冷戦と朝鮮半島の南北分断が作用したためであっ

た。中国在住の被害者が帰還を果たしたのは、世界的冷戦が終結し、韓中国交正常化（一九九二年）以後であった。

③のケースは、故国に戻っても故郷や実家に戻れない被害者が多く、雑業を繰り返しながら苦渋に満ちた人生を送った点は、部分的に日本人被害者と重なる。米軍「慰安婦」にされた女性もいる（wam編二〇一〇）。しかし一九九〇年代になって「慰安婦」問題の解決をめざす韓国女性運動（韓国挺身隊問題対策協議会など）の呼びかけに応じて名乗り始め、新たな人生が始まった。「ナヌムの家」や「ウリチプ（わが家の意）」で共同生活を始めたり、水曜デモに参加したり、日本や世界各地で積極的な証言活動を行う被害女性も少なくない（尹美香二〇一一、二〇一三）。解決運動が世界に広がったのは、被害女性の証言（活動）に負う部分が大きい。韓国政府が制定した「生活安定支援法」（一九九三年）がその後拡充され、被害女性たちが生活支援金など各種支援を受給できるようになったのも、大きな変化だ。

しかし彼女たちは慢性のＰＴＳＤが多いと診断されている。先述の梁鉉娥氏によれば、その根拠は次の通りである（二〇〇〇年韓国仁川サラン病院での被害者十四人中十一人）。

①「慰安婦」時代に自分や仲間が銃剣をもった軍人に殴られたりして死の脅威を感じ、無力感と恐怖を経験した。

②その後の人生で、男性、とくに軍人を見ると恐怖を感じたり避けたりした。

③当時の経験を考えまいと努力し、それらを思い起こさせるため、男性との接触を避け恋愛や結婚をしなかったりした。

④よく眠れない日が多い。

⑤これらの症状が数十年間反復し持続し、自ら命を絶ちたいと思うことが多い。

また韓国挺身隊問題対策協議会が「慰安婦」申告被害者一九二人を調査した結果（尹美香二〇一三）によれば、被害者のほとんどが対人恐怖症、精神不安、鬱火（怒りを押さえすぎて起こる病気）、羞恥心、罪悪感、怒りと恨み、自己卑下、諦め、うつ病、孤独感など、深刻な精神的障害をもっていた。

後遺症は、精神だけでなく身体にも及んだ。「慰安婦」時代に銃剣をもった軍人や業者による日常的な暴力や虐待によって、聴覚や視覚を失ったり、刀傷や傷跡、入れ墨がのこったりした。また長期にわたって繰り返された強かん経験は、女性の生殖器に治癒できないほどの傷を残した。慰安所で性病（梅毒など）に感染した場合、戦後も治癒せず、性器や子宮異常の後遺症をわずらった。コンドームをつけたがらない軍人がいたため、望まない妊娠をし、無理な中絶をしたりした（出産や死産の例も少なくなかった）。不妊になった女性、結婚を望まない女性も多く、「結婚が当たり前」「子どもを産むのが女の務め」とされた家父長的な社会で、女性として生きる上で苦しみを与えられた。性病が次世代に引き継がれ、子どもの精神や肉体に影響が出る場合もあった。

社会的なレベルでも後遺症は残った。戦後もつづく、女性に「貞操」「純潔」を求める家父長的な社会のなかで、これを内面化した女性たちは家族やコミュニティーに過去を知られまいと沈黙した。自分を責めて、故郷に帰ることができなかったり、結婚が難しかったり（拒否したり）、男性と結婚・同棲しても不妊だったり、元「慰安婦」という噂で追い出されたり、貧困に陥ったりして、不安定な生活を送った。自殺をはかった人もいた。日本政府が不法行為を認め償わなかったことが、これらを悪化させた。

中国人被害者たち——ＰＴＳＤと「針のむしろ」の孤独

中国人など占領地の被害者はどうか。たとえば、中国山西省の被害女性たち（石田米子・内田知行編二〇〇四）は、日本人や植民地出身者と違って、これまで暮らしてきた地元で被害を受けた。そのため、家族・身内や身近な村人が被害者の性被害を知っていて、「針のむしろ」にすわる状態におかれ、自分の被害を公に訴えることができなかった。

万愛花さんは、日本軍に拉致され、繰り返し強かんされ、拷問により骨折したため身長が縮まり、右耳も聞こえなくなったが、戦後は知り合いの目を避けるためほかの地域に移った。被害事実を知った上で結婚し、夫婦仲がよかった場合でも、夫まで迫害をうけ、さらに日本兵から受けた被害の後遺症である婦人病が悪化して自殺した女性もいた。

六人の中国人被害者を診断した精神科医の桑山紀彦（一九九八）は、被害女性は一つ一つの被害の記憶はありありとよみがえる（外傷性記憶）のに、その前後のつながりがはっきりしないというＰＴＳＤに特有な症状（「記憶の断片化」）を示したと診断している。また、被害当時、年齢が十代だった女性にとっては児童虐待の側面が強く、「戦後五十数年の月日を経ていてもＰＴＳＤは存在する」こと、「不安」と「抑うつ」（落ち込み）をもっていることを明らかにしている。

山西省の中国人被害者とその遺族は、一九九〇年代後半に日本政府に対して戦時性暴力・「慰安婦」訴訟を起こしたが、献身的な日本人支援者の現地訪問・調査、裁判支援活動を通じて、信頼を寄せるようになったという。また二〇〇〇年代に入って山西省の地元や北京で大規模な「慰安婦」展がもたれたり、最近では中国政府が慰安所跡や公文書資料の保管に乗り出したりしたように、性暴力・「慰安婦」問題への中国社会の認識が変化している。

　このように、韓国人及び中国人被害者は、日本軍「慰安婦」制度や組織的な強かんからはじまった性被害、戦後につづくPTSD・肉体的な後遺症、社会的な烙印などのために、自分の過去や被害を訴えることができないまま、一九九〇年代に「慰安婦」問題解決運動がはじまるまで、孤独と沈黙のうちに長い歳月を過ごさざるをえなかった。日本人被害者は孤独と沈黙は共通するが、社会的認知や支援運動が起こることがなかった。

　しかし、韓国人被害者の「戦後」の人生を検討した梁鉉娥氏（二〇一〇）は、「慰安婦」被害女性を「かわいそうで無力な被害者」とみるのではなく、証言をすること自体が大変な勇気を要すること、証言が自らの治癒につながることに注意を促した。そのうえで、「慰安婦」被害を、精神的・肉体的・社会的なレベルにわたる「複合的なもの（complexity）」、「慰安婦」問題についての正義が樹立されないために苦痛がつづく「持続的なもの（continuity）」、被害への無関心・無視・わい曲など現在の社会との関係のなかで苦痛が再生産される「現在的なもの（contemporarily）」と分析した。

　近年、「慰安婦」ヘイトスピーチが日本社会を席巻し、「戦後」七十年近く過ぎても被害女性の「複合的」「持続的」「現在的」な苦痛が治癒される見通しがつかない。広田和子のいう「……肉体を売るということは人間の根源的な問題で」「本人の意志だったらいいのではないかということはあり得ない」（傍点引用者）という深い洞察は、「肉体を売る」だけにとどまらず、あらゆる戦時性暴力被害者に当てはまることを忘れてはならない。

＊本稿は、「慰安婦」問題webサイト〝Fight for Justice〟入門編「女性たちは戦後どのように生きてきた?」を大幅に加筆修正したものである。

【参考文献】

アクティブ・ミュージアム「女たちの戦争と平和資料館」編、西野瑠美子・金富子責任編集『証言未来への記憶　アジア「慰安婦」証言集Ⅰ』南・北・在日コリア編上、明石書店、二〇〇六年。

同『証言　未来への記憶　アジア「慰安婦」証言集Ⅱ』南・北・在日コリア編下、明石書店、二〇一〇年

アクティブ・ミュージアム「女たちの戦争と平和資料館〔wam〕」『ある日、日本軍がやってきた——中国・戦場での強かんと慰安所』wamカタログ六、二〇〇八年。

安世鴻『重重——中国に残された朝鮮人日本軍「慰安婦」の物語』大月書店、二〇一三年。

石田米子・内田知行編『黄土の村の性暴力——大娘たちの戦争は終わらない』創土社、二〇〇四年。

「慰安婦」問題webサイト〝Fight for Justice〟「日本軍『慰安婦』忘却への抵抗・未来への責任」http://fightforjustice.info

韓国挺身隊問題対策協議会・挺身隊研究会編、山口明子訳『中国に連行された朝鮮人慰安婦』三一書房、一九九六年。

韓国挺身隊問題対策協議会『日本軍「慰安婦」証言統計資料集〔ハングル〕』、二〇一一年。

桑山紀彦「中国人元『慰安婦』の心的外傷とＰＴＳＤ」『季刊戦争責任研究』十九号、一九九八年。

ジュディス・L.ハーマン、中井久夫訳『心的外傷と回復』みすず書房、増補版、一九九九年。
宮地尚子『トラウマ』岩波新書、二〇一三年。
梁鉉娥著、梁澄子訳「植民地後に続く韓国人日本軍『慰安婦』被害」、同上『証言　未来への記憶
アジア「慰安婦」証言集Ⅱ』南・北・在日コリア編下、二〇一〇年。
尹美香著、梁澄子訳『20年間の水曜日』東方出版、二〇一一年。
尹美香著、金富子訳「韓国挺対協運動と被害女性」「戦争と女性への暴力」リサーチ・アクションセンター
編、西野瑠美子・金富子・小野沢あかね責任編集『「慰安婦」バッシングを越えて』大月書店、二〇一三
年。

掲載文献・資料紹介

＊本文で使用したものを中心に紹介する。

◆書籍・雑誌記事

支那派遣軍経理部『支那派遣軍経理月報』支那派遣軍経理部、一九四一年三月。

白川俊介「転落女性群像　ヤミの女の生態」『女性改造』一九四七年三月四日。

「実態調査座談会　パンパンの世界」『改造』一九四九年十二月一日。

「ハマのモロッコ娘」『週刊読売』一九五二年十二月七日。

藤原道子「売春婦のパスポート」『改造』一九五三年三月二五日。

「現代版唐人お吉の生態」『真相』一九五四年八月。

重村實「特要員と言う名の部隊」『文藝春秋』一九五五年十二月。

辻政信「上海料亭・焼打事件」『文藝春秋』一九五五年十二月。

「光を求める娘たち——更生相談室の窓口から」『婦人朝日』一九五六年二月五日。

岩内善作・田中寿美子「そこが間違っている」『婦人朝日』一九五六年三月一日。

「更生できない更生寮」『週刊新潮』一九五六年五月一日。

「戦線を駆ける慰安婦部隊」『人物往来』一九五六年六月十日。

「赤い街・青い街」『アサヒグラフ』一九五六年六月二十四日。

末永勝介「補償されない殺人事件——米軍属に殺されたバーの女性」『週刊新潮』一九五七年二月二十五日。

「戦場を駆けるセックス」『人物往来』一九五七年四月十日。

「特集　赤線地帯」『別冊週刊サンケイ』一九五八年二月二十五日。

暉峻康隆「売春ニッポン一五〇〇年史——公認国から非公認国へ」『別冊週刊サンケイ』一九五八年二月二十五日。

「八十五年目の真実」『別冊週刊サンケイ』一九五八年二月二十五日。

「消える赤い灯の行方　来るか簡易恋愛時代」『別冊週刊サンケイ』一九五八年二月二十五日。

向井啓雄「四大陸の白線巡り」『別冊週刊サンケイ』一九五八年二月二十五日。

平山芦江「吉原ものがたり」『別冊週刊サンケイ』一九五八年二月二十五日。

神崎清「業者はこうして肥った――娼妓解放から売春汚職まで――」『別冊週刊サンケイ』一九五八年二月二十五日。

「特殊女性は何処へいく?」『別冊週刊サンケイ』一九五八年二月二十五日。

山口林路「慰安婦國営論」『別冊週刊サンケイ』一九五八年二月二十五日。

安田徳太郎「性病という名の歴史」『別冊週刊サンケイ』一九五八年二月二十五日。

「売春禁止　これからどうなる?　既に〝新手戦術〟もちらほら」『別冊週刊サンケイ』一九五八年二月二十五日。

古今亭志ん生「志ん生くるわ咄し」『別冊週刊サンケイ』一九五八年二月二十五日。

「春の宿マダムの手記」『別冊週刊サンケイ』一九五八年二月二十五日。

「ベテスダの涙」『日本』一九五八年七月一日。

「私たちも人間らしく生きたい」『サンデー毎日』一九五八年九月二十一日。

寺川要「新京慰安所繁盛記」『別冊週刊サンケイ』一九六〇年八月一日。

「元セレベス白人女子抑留所長の告白」『週刊サンケイ』一九六〇年十月二十四日。

富山忠男『水は流れ山は連なる〔一主計将校の思い出〕』一九六三年。

「横須賀の女性を守った慰安婦」『漫画サンデー』一九六五年三月十日。

「大特集　戦争と性　この異常体験がもたらした傷痕」『アサヒ芸能』一九六七年八月二十日。

第五飛行師団経理官の集い『航空機の蔭に』五経会、一九六八年。

長部日出雄「満州の荒野を行く――馬族の女頭目になった日本人の娼婦たち」『アサヒ芸能』一九六八年十月六日。

伊藤桂一『兵隊たちの陸軍史――兵営と戦場生活』番町書房、一九六九年。

歩一〇四物語刊行会『歩一〇四物語——わが連隊の記録』歩一〇四物語刊行会、一九六九年。

太宰白一郎『戦塵万里——野戦軍医の転戦記』ゆうもあくらぶ出版部、一九七〇年。

稲葉正夫編『岡村寧次大将資料』上、戦場回想篇、原書房、一九七〇年。

高橋義『あゝラバウル』日新報道出版部、一九七〇年。

千田夏光「日本陸軍慰安婦」『週刊新潮』一九七〇年六月二十七日。

「性の奴隷として生きた戦場の女たち」『週刊大衆』一九七〇年八月二十日。

城田すず子『マリヤの讃歌』日本キリスト教団出版局、一九七一年。改訂版、かにた出版部、一九八五年。

中村信『大草原』青雲社、一九七一年。

名古屋歩六会編『歩兵第六連隊歴史　追録第二部』歩六史刊行会事務局、一九七一年。

高砲二十二戦友会『高砲二十二戦史』高砲二十二文集委員会、一九七一年。

伊藤桂一「大陸をさまよう慰安婦たち」『新評』一九七一年八月。

「戦場の芸者・菊丸が26年目に明かす波乱の人生」『アサヒ芸能』一九七一年八月十二日。

破竹会『破竹——海軍経理学校第八期補修学生の記録』永末書店、一九七二年。

三島鉱太郎、小川要次郎編『騎兵第四旅団機関銃隊誌』元騎兵第四旅団機関銃隊MG会本部、一九七二年。

「いまも続く〝慰安婦戦友会〟の悲しみの秘録」『現代』一九七二年四月。

佐木隆三「娼婦たちの天皇陛下」『潮』一九七二年六月。

神崎清「池田勇人と戦後の売春」『潮』一九七二年六月。

守谷正『比島捕虜病院の記録』金剛出版、一九七三年。

大桶修義『ビルマ日記』中央公論事業出版、一九七三年。

小平哲三『戦線随筆』非売品、一九七三年。

竹森一男『兵士の現代史——2・26から敗戦へ』時事通信社、一九七三年。

千田夏光「国が奪った青春の残酷『御国のために』自決した慰安婦」『サンデー毎日』一九七二年十一月二十二日。

「告白！　戦争慰安婦が生きてきた忍従の28年」『アサヒ芸能』一九七三年八月十二日。

千田夏光「ラバウルの従軍慰安婦『私は兵隊3万人の欲望を処理した』」『週刊大衆』一九七三年十一月二十二日。

千田夏光「四万人の慰安婦を供給したソウルの美都波収容所」『週刊大衆』一九七三年十二月二十七日。

「我がぐうたら戦記『女と兵隊』」『アサヒ芸能』一九七四年四月二十五日。

大林清「従軍慰安婦第一号順子の場合」『現代』一九七四年四月。

大林清「従軍慰安婦順子の上海慕情」『現代』一九七四年五月。

飯野健治「白奴隷トラスト・RAA」『創』一九七四年八月。

「撃沈された女子軍属たちが集団慰安婦に堕ちるまでの戦争体験」『週刊新潮』一九七四年八月二十二日。

「女は乗せない戦闘機に女を乗せた男」『週刊大衆』一九七四年八月二十二日。

「最前線で女体突撃に終始！　兵隊失格だった男」『週刊大衆』一九七四年八月二十二日。

広田和子『証言記録　従軍慰安婦・看護婦――戦場に生きた女の慟哭』新人物往来社、一九七五年。

平塚柾『証言記録　太平洋玉砕戦――ペリリュー島の死闘』新人物往来社、一九七五年。

金本林造『太平洋戦記⑫　ニューギニア戦記』河出書房新社、一九七五年。

「見捨てられた戦争慰安婦　その後の性生活」『アサヒ芸能』一九七五年五月一日。

小沢昭一「四畳半むしゃぶり昭和史25　ゲスト須川昭　兵隊一円将校三円だった　心やさしき『戦場の天使』たち」『週刊ポスト』一九七五年七月四日。

「RAA（特殊慰安施設協会）」『アサヒ芸能』一九七五年八月二十一日。

「甘えを排除したある『証言記録』」『朝日ジャーナル』一九七五年十一月二十八日。

九紫会『命をかけた青春―陸軍経理部幹部候補生の太平洋戦争回想録』陸経第九期生会一九七六年。

船坂弘『玉砕戦の孤島に大義はなかった』光人社、一九七七年。

角田賤夫『太平洋戦争の体験』ふだん記全国グループ、一九七七年。

戦争体験を記録する会『私たちと戦争』二、タイムス、一九七七年。

第五十二防空隊員編『五十二防空隊員の戦記』全日本同愛会、一九七七年。

菅野正哉「上野の山探訪記——闇の女性の根拠地」『艶楽書館』一九七七年四月。

「吉原病院見聞録」『艶楽書館』一九七七年四月。

「カストリ雑誌に見る〈娼婦の世界〉」『艶楽書館』一九七七年四月。

神崎清「日本戦後売春史——吉原・米軍上陸・ＲＡＡ」『艶楽書館』一九七七年四月。

吉田俊雄「海軍料亭の灯は消えて」『文藝春秋』一九七七年五月。

北尾謙三『ぽんぽん主計長奮戦記』サンケイ新聞社、一九七八年。

酒井三郎『傀儡部隊——セブ島義勇隊隊長の手記』けん出版、一九七八年。

田中保善『町医者ボルネオにたたかう——独歩四三二大隊戦記』西日本新聞社、一九七八年。

浜野春保『万雷特別攻撃隊』図書出版、一九七九年。

山本八郎編『つわもの——静岡歩兵第三十四連隊第六中隊誌』六中会、一九七九年。

大木保男ほか編・海軍主計九期会『五分前の青春——第九期海軍短期現役主計科士官の記録』海軍主計九期会、一九七九年。

岩田清治『海軍主計大佐の手記』原書房、一九七九年。

鈴木俊雄『回想のフィリピン戦線』鈴木医院、一九七九年。

中島正舒『ビルマ鎮魂歌』丸の内出版、一九七九年。

「体験告白『私は元陸軍の慰安婦だった』」『週刊読売』一九七九年六月十七日。

山谷哲夫「『沖縄のハルモニ』前口上」『中央公論』一九七九年九月。

中村法一『ビルマ戦線の終幕』エピック企画出版部、一九八〇年。

「東京で一番辛い命令『女の調達』」『週刊新潮』一九八〇年八月二十一日。

三宅善喜『密林に消えた兵士たち——私のダバオ戦記』健友館、一九八一年。

林芳男『当番兵の見たビルマ戦線』林芳男、一九八一年。

羅南憲友会『羅南憲兵隊史——胡馬北風に嘶く羅南隊の回想と終焉』羅南憲友会、一九八一年。

千田夏光『従軍慰安婦・慶子——死線をさまよった女の証言』光文社、一九八一年。

菊池　蹟『狂風インパール最前線』叢文社、一九八二年。

渡辺哲夫『海軍陸戦隊ジャングルに消ゆ――海軍東部ニューギニア戦記』戦誌刊行会、一九八二年。

石田新作『悪魔の日本軍医』山手書房、一九八二年。

貝塚侊『細菌から象まで――一軍医のビルマ戦記』大雅、一九八二年。

「妊婦の腹を裂き、胎児の顔を割り！」『女性自身』一九八二年九月九日。

「私は貝にはなれない！」『女性自身』一九八二年九月三十日。

「進駐軍米兵の性犯罪調書」『宝石』一九八二年十二月。

「満洲開拓団・処女たちの凄春」『宝石』一九八三年九月。

鈴木卓四郎『憲兵余録』図書出版社、一九八四年。

四至本広之丞『隼南溟の果てに』戦誌刊行会、一九八四年。

玉井紀子『日の丸を腰に巻いて――鉄火娼婦・高梨タカ一代記』現代史出版会、一九八四年。

「故郷の山河をいま一度見たい」『女性自身』一九八四年九月二十五日。

新京陸軍経理学校第五期生記念文集編集委員会事務局『追憶』下、一九八五年
朝日新聞山形支局『聞き書き　ある憲兵の記録』朝日新聞社、一九八五年。

上條彰『あの山を越えれば――第二師団元主計少尉の追憶』上條彰、一九八五年。

佐藤基『椰子の実――私の従軍回想録』けやきの街出版、一九八五年。

古賀明男『思い出の兵隊そしてビルマ雲南戦線』葦書房、一九八六年。

金井英一郎『Gパン主計――ルソン戦記』文藝春秋、一九八六年。

加藤徹『従軍三度　私の小さな歴史』ヒューマンドキュメント社、一九八六年。

戸井昌造『戦争案内――ぼくは20歳だった』晶文社、一九八六年。

讃岐章男『広野の戦場』第一出版、一九八六年。

久田二郎『定本戦野まぼろし』第一印刷、一九八七年。

浜口信平編『文集うしお　陸軍経理学校第十期経理部甲種幹部候補生隊』潮会、一九八七年。

久保村正治『第十一軍通信隊』図書出版、一九八七年。

堀口正夫『アジアの烽火――星の流れに』第一部上巻、堀口正夫、一九八七年。

赤尾純藏『荼毘の烟り――殉国の士を悼みて』赤尾純蔵著書刊行委員会、一九八七年。

陸軍経理学校幹候第十一期文集編集委員会編集・企画『燦』陸軍経理学校幹候第十一期文集編集委員会、一九八七年。

沼津戦後の戦友会『かたりべの群れ2　私の戦場体験』沼津戦後の戦友会、一九八八年。

奥谷進『太平洋戦争　青春の記録』奥谷進、一九八八年。

富沢茂『女たちの戦場よもやま物語』光人社、一九八八年。

郯城会「独立歩兵第一旅団（幹第一四三六部隊渡辺隊）」『郯城――郯城会発足二十周年記念誌』記念誌編集委員会、一九八八年。

大里巍『わが青春は大陸の果てに――満州・広東そしてビルマ・雲南へ』大里巍、一九八八年。

陸軍経理学校第六期幹部候補生有志『主計官』、一九八八年。

山内一生『憲兵よもやま物語』光文社、一九八八年。

七起会『思い出　海軍と人と主計科　短現七期文集』七起会文集刊行委員会、一九八八年。

上原栄子『辻の華』戦後篇上、時事通信社、一九八九年。

谷川美津枝『女たちの遙かなる戦場――従軍看護婦たちの長かった昭和史』光人社、一九八九年。

松本良男・幾瀬勝彬編『秘めたる空戦』光人社、一九八九年。

市川靖人『ああ、海軍ばか物語』万有社、一九八九年。

久保田勲『望郷南満州鉄道』共同文化社、一九九〇年。

小林誠司編『不屈の輸送――輜重兵第二連隊史記』上巻、佐藤新次郎、一九九〇年。

工藤四郎『草むす屍』教育出版センター、一九九〇年。

石川惣吉『四中隊とともに』石川惣吉、一九九〇年。

浜松昭『沖縄戦こぼれ話』月刊沖縄社、一九九〇年。

石田忠四郎『或る憲兵下士官の雑記帳』雄文出版企画室、一九九〇年。

船橋市企画部企画調整室編『平和の尊さを伝えたい——市民の戦争体験記』船橋市、一九九〇年。

「慰安婦物語」『平和への架け橋　練馬区戦争体験記録』下巻、練馬区、一九九一年。

「前線で——兵の二つの問題」同右。

柏熊静『泰山』講談社出版サービスセンター、一九九一年。

下崎吉三郎『南方での想い出』下崎吉三郎、一九九一年。

秋山健二『だんびらの日記——ソロモン海に死す、海軍主計少佐秋山新一の日記』秋山建二、一九九一年。

渡瀬吉人『薩拉斉無情——憲兵残酷物語』渡瀬吉人、一九九二年。

三ヶ野大典『悲劇のサイパン』フットワーク出版、一九九二年。

生田達二『パプア・ニューギニアの思い出』生田達二、一九九二年。

今村武士『補充兵戦記』今村武士、一九九二年。

川田文子『皇軍慰安所の女たち』筑摩書房、一九九三年。

松永悟著、平五電三会高知大会事務局編『電信第三連隊史追録』電三会、一九九三年。

和気シクルシイ『戦場の狗——ある特務諜報員の手記』筑摩書房、一九九三年。

山下政雄『明日なき日々』山下政雄、一九九三年
『別冊歴史読本戦記シリーズ第25巻　女性たちの太平洋戦争』新人物往来社、一九九四年。

坂本たか『渚の墓標』坂本たか、一九九五年。

西河克己『白いカラス——生き残った兵士の記録』光人社、一九九七年。

古畑文男『凡人の人生記録——ビルマ戦線の追想—安兵団一軍医の手記』古畑文男、一九九七年。

後藤隆之『国境の街にて』三重県良書出版会、一九九八年。

江口萬『ビルマ戦線敗走日記』新風書房、一九九九年。

陳千武著・保坂登志子訳『猟女犯——元台湾特別志願兵の追想』洛西書院、二〇〇〇年。

神出杉雄『大陸戦線こぼれ話——中島隊の軌跡』文芸社、二〇〇三年。

原田政盛『満州建国を支えた女性群像』文藝書房、二〇〇四年。

高橋秀治『第四航空軍の最後——司令部付主計兵のルソン戦記』光人社、二〇〇八年。

宮下忠子『思川——山谷に生きた女たち　貧困・性・暴力　もうひとつの戦後女性史』明石書店、二〇一〇年。

◆主要公文書（日本人「慰安婦」の徴集・渡航がうかがえる公文書を中心に）

不良分子ノ渡支取締方ニ関スル件〔外務次官〕一九三七年八月三十一日。

支那渡航者ニ対スル身分証明書発給ニ関スル件〔福岡県知事〕一九三七年十二月十五日。

上海派遣軍内陸軍慰安所ニ於ケル酌婦募集ニ関スル件〔群馬県知事〕一九三八年一月十九日。

北支派遣軍慰安酌婦募集ニ関スル件〔山形県知事〕一九三八年一月二十五日。

支那渡航婦女募集取締ニ関スル件〔高知県知事〕一九三八年一月二十五日。

時局利用婦女誘拐被疑事件ニ関スル件〔和歌山県知事〕一九三八年二月七日。

上海派遣軍内陸軍慰安所ニ於ケル酌婦募集ニ関スル件〔茨城県知事〕一九三八年二月十四日。

上海派遣軍内陸軍慰安所ニ於ケル酌婦募集ニ関スル件〔宮城県知事〕一九三八年二月十五日。

支那渡航婦女ノ取扱ニ関スル件〔内務省警保局長通牒案〕一九三八年二月十八日。

支那渡航婦女ノ取扱ニ関スル件〔内務省警保局長〕一九三八年二月二十三日。

軍慰安所従業婦等募集ニ関スル件〔陸軍省兵務局兵務課〕一九三八年三月四日。

済南其他膠済鉄道沿線渡航者取締方ニ関スル件（往復）〔大分県知事／外務省アメリカ局長〕一九三八年四月二十五日、五月四日。

支那渡航婦女ノ取扱ニ関スル件〔外務省アメリカ局長〕一九三八年五月二十日。

支那渡航婦女ニ関スル件伺〔内務省警保局警務課長〕一九三八年十一月四日。

南支方面渡航婦女ノ取扱ニ関スル件〔内務省警保局長〕一九三八年十一月八日。

醜業婦渡支ニ関スル経緯〔内務省〕（不明）。

漢口陸軍天谷部隊慰安所婦女渡支ノ件（往復）〔外務大臣／漢口総領事〕一九三八年十二月二十三日、十二月二十七日。

父島要塞司令部参謀部　陣中日誌　一九四二年五月。

海南島海軍慰安所ノ件〔台湾拓殖株式会社〕一九三九年四月四日。

海南島調査隊用並ニ軍用資材供給ノ件〔台湾拓殖株式会社〕一九三九年四月二十一日。

人員並ニ物資輸送ノ件　三亜方面行特要員（十八人一組の分）名簿（五月二十四日基隆発メナド丸）〔台湾拓植株式会社〕一九三九年五月九日。

台拓関係海南島渡航者人名表　一九三九年六月十九日。

「南洋行酌婦募集広告取締」内務省警保局外事課『外事月報』一九四二年四月。

＊出典：女性のためのアジア平和国民基金『政府調査「従軍慰安婦」関係資料集成』第一巻、龍溪書舎、一九九七年、吉見義明編集・解説『従軍慰安婦資料集成』大月書店　一九九二年、朱徳蘭編集・解説『台湾慰安婦関係資料集』第一巻、不二出版、二〇〇一年、鈴木裕子・山下英愛・外村大編『日本軍「慰安婦」関係資料集成』上、明石書店、二〇〇六年。

VAWW-NET Japan, VAWW RAC 出版刊行物

マクドゥーガル著、VAWW-NETジャパン編訳　松井やより・前田朗解説『戦時・性暴力をどう裁くか――国連マクドゥーガル報告全訳』凱風社、二〇〇〇年。

VAWW-NETジャパン編『日本軍性奴隷制を裁く――2000年女性国際戦犯法廷の記録第1巻　戦犯裁判と性暴力（内海愛子・高橋哲哉責任編集）』緑風出版、二〇〇〇年。

VAWW-NETジャパン編『日本軍性奴隷制を裁く――2000年女性国際戦犯法廷の記録第2巻　加害の精神構造と戦後責任（池田理恵子・大越愛子責任編集）』緑風出版、二〇〇〇年。

VAWW-NETジャパン編『日本軍性奴隷制を裁く――2000年女性国際戦犯法廷の記録第3巻　「慰安婦」・

戦時性暴力の実態1　日本・台湾・朝鮮編（宋連玉・金富子責任編集）』緑風出版、二〇〇〇年。

VAWW-NETジャパン編『日本軍性奴隷制を裁く――2000年女性国際戦犯法廷の記録第4巻「慰安婦」・戦時性暴力の実態2　中国・東南アジア・太平洋編（林博史・西野瑠美子責任編集）』緑風出版、二〇〇〇年。

VAWW-NETジャパン編『裁かれた戦時性暴力――「日本軍性奴隷制を裁く女性国際戦犯法廷」とは何であったか』白澤社、二〇〇一年。

VAWW-NETジャパン調査・起訴状作成チーム編『日本軍性奴隷制を裁く「女性国際戦犯法廷」意見書・資料集』VAWW-NETジャパン、二〇〇一年。

VAWW-NETジャパン編『日本軍性奴隷制を裁く――2000年女性国際戦犯法廷の記録第5巻　女性国際戦犯法廷の全記録1（松井やより・西野瑠美子・金富子・林博史・川口和子・東澤靖責任編集）』緑風出版、二〇〇二年。

VAWW-NETジャパン編『日本軍性奴隷制を裁く――2000年女性国際戦犯法廷の記録第6巻　女性国際戦犯法廷の全記録2（松井やより・西野瑠美子・金富子・林博史・川口和子・東澤靖責任編集）』緑風出版、二〇〇二年。

ラディカ・クマラスワミ著、VAWW-NETジャパン翻訳チーム訳『女性に対する暴力をめぐる10年――国連人権委員会特別報告者クマラスワミ最終報告書』明石書店、二〇〇三年。

「戦争と女性への暴力」リサーチ・アクション・センター編（西野瑠美子・金富子・小野沢あかね責任編集）『「慰安婦」バッシングを越えて――「河野談話」と日本の責任』大月書店、二〇一三年。

日本軍「慰安婦」問題webサイト制作委員会編（吉見義明・西野瑠美子・林博史・金富子責任編集）『「慰安婦」・強制・性奴隷――あなたの疑問に答えます（Fight For Justice ブックレット）』御茶の水書房、二〇一四年。

おわりに

本文に明らかなように、遊廓や芸妓置屋などから日本軍の慰安所に行った日本人女性のなかには、「慰安婦」時代を「楽しかった」「それ以外の時よりはましだった」と振り返る方や、戦後も元日本兵が開く「戦友会」に参加していた方もいました。日本人「慰安婦」のなかには、将校の相手をさせられたために、一般兵士用の「慰安婦」よりも待遇がましだった人たちがいたことは事実です。しかし一般兵士用の「慰安婦」として、一日に何十人もの相手をさせられた女性たちのなかにすら、当時を「なつかしい」と想起された方がいたことに、私たちは驚くとともに胸が締め付けられるような深い悲しみと怒りに襲われました。

雑誌や書籍等で目にする日本人「慰安婦」だった女性たちのライフ・ヒストリーをたどってみると、彼女たちが人身売買の犠牲者だったことがわかります。貧困のために遊廓等に売られ、重い借金を背負って廃業の見込みのない売春生活を強いられていました。戦後は、「慰安婦」「売春婦」だったことを知られると、蔑まれ、社会から排除され、家族からも見捨てられて、結局、売春の世界へ戻らざるを得ないか、孤独と貧困のなかを生きざるを得ませんでした。「はじめに」でも述べたように、私たちの社会には今日でも、売春する女性をそうでない女性と分断して差別し、売春を商売とするような女性ならば何をされてもしかたがないといった考え方が存在しており、そのような境遇にある女性に心底冷たい社会です。それだからこそ、「お国のためになる」「靖国神社に祀ってもらえる」などとおだてられた「慰安婦」時代は、彼女たちにとってはまだ「ましな時代」であり、懐かしんでしまうのではないでしょうか。

日本軍と日本国家は、彼女たちの窮状につけこんでその性を戦争に利用し、そして捨てたのです。ここで忘れてはならないことは、彼女たちを売春生活や「慰安婦」に追いやった人身売買の慣習は、当時の日本社会においても本来ならば禁止されていなければならないものだったのに、戦前の日本政府はそれを放置してきたということです。

このように考えると、前身が「売春婦」だった「慰安婦」の女性を、そうでない「慰安婦」被害者から排除していいはずがありません。そのように差別をすることは、「『売春婦』なら、なにをされてもかまわないのだから、『慰安婦』にされてもしかたがない」という発想につながり、それでは、当時の軍部や内務省が、「慰安婦」候補者として最初に芸妓・娼妓・酌婦の女性たちをターゲットにしたのと同じ発想になってしまうからです。しかも、女性を二分化するこうした発想に基づいて、戦後は米軍向け「慰安施設」を日本政府が自発的に作ったことも忘れてはなりません。女性を「売春婦」とそうでない女性とに分け、「売春婦」ならば犠牲にしてもかまわないという発想はその後も脈々と生き続けたのです。だからこそ、日本人「慰安婦」被害者の女性たちは自らを被害者として認識することができず、訴え出ることもできないのではないでしょうか。

日本人「慰安婦」を追いかけていく過程で、私たちは、女性を人身売買によって「売春婦」や「慰安婦」にさせた人々がたくさん日本社会に存在したことに改めて気づかされました。本書には、そうした公娼業者からの聞き取りも掲載しましたが、また公娼業者でない民間人も多数女性の売買や詐欺的周旋にかかわっていたことも分かりました。

一方、日本人「慰安婦」のなかにも、騙されて連れてこられて「慰安婦」にさせられた、あるいはさせられそうになった女性たちがたくさんいたということを忘れてはなりません。そうした人たちのライフ・ヒストリーはほとんど知られてはいません。日本社会には、戦争になる以前から、女性を人身売買や詐欺で売春に陥れる業者が実にたくさん存在していたのであり、だからこそ、戦時になると、日本軍はそうした業者に命令することで、たくさんの女性を「慰安婦」として徴集することができたのだと言うことができるでしょう。つまり「慰安婦」問題の解決にあたって、私たち一人一人が構成員となっている日本社会の土壌が問われているということです。「慰安婦」問題に関する日本軍と日本国家の犯罪性を追及していくことに加えて、私たちは、女性を売買する業者が公然と活動できていた戦前日本社会、そして、戦後七〇年もたつというのに、「慰安婦」は「公娼」であり性奴隷ではなかったと発言する政治家たち、そして、そうした発言を多くの人々が違和感なく受け止めているこの社会の人権認識を問題にしていかなければなりません。

日本人「慰安婦」に関する調査・研究は、まだ端緒に立ったばかりです。当事者、関係者の方々の高齢化が進み、なかなか証言が得られにくい状況がありますが、私たちは一人でも多くの方から実体験を聞かせていただきたいと願っています。どのような情報でも結構ですので、なにかありましたら是非ともお声をかけていただければ幸いです。

本書が日本人「慰安婦」問題の実態解明のための一歩となることを心より願っています。

編者

執筆者紹介

◆責任編集

西野瑠美子（にしの　るみこ）

「戦争と女性への暴力」リサーチ・アクションセンター（ＶＡＷＷ ＲＡＣ）共同代表、日本人「慰安婦」プロジェクト・チーム。二〇〇四年度日本ジャーナリスト会議ＪＣＪ賞、第一回平和・協同ジャーナリスト基金奨励賞など受賞。編著書に『戦場の「慰安婦」』（明石書店、二〇〇三年）、『従軍慰安婦と十五年戦争』（明石書店、二〇〇三年）、『日本軍「慰安婦」を追って』（マスコミ情報センター、一九九五年）、『「慰安婦」バッシングを越えて』（共編、大月書店、二〇一三年）、『暴かれた真実　ＮＨＫ番組改ざん事件』（共編著、現代書館、二〇一〇年）などがある。

小野沢あかね（おのざわ　あかね）

立教大学教授。専攻は日本近現代史・女性史。ＶＡＷＷ　ＲＡＣ運営委員、日本人「慰安婦」プロジェクト・チーム。著作に『近代日本社会と公娼制度』（吉川弘文館、二〇一〇年）、「米軍統治下沖縄における性産業と女性たち――一九六〇―七〇年代コザ市」（『年報日本現代史』第十八号、二〇一三年）、『「慰安婦」バッシングを越えて』（共編著）、歴史学研究会ほか編『「慰安婦」問題を／から考える』（共著、岩波書店、二〇一四年）などがある。

◆執筆者（掲載順）

前田　朗（まえだ　あきら）

東京造形大学教授。専攻は刑事人権論、戦争犯罪論。日本民主法律家協会理事、日韓つながり直しキャンペーン共同代表。著作に『闘う平和学』（共著、三一書房、二〇一四年）、『二一世紀のグローバル・ファシズム』（共編、耕文社、二〇一三年）、『増補新版ヘイト・クライム』（三一書房、二〇一三年）、『九条を生きる』（青木書店、二〇一二年）、『人道に対する罪』（青木書店、二〇〇九年)、『軍隊のない国家』(日本評論社、二〇〇八年)などがある。

宋 連玉(そん よのく)
青山学院大学教授。専攻は朝鮮近現代史。著作に『脱帝国のフェミニズムを求めて』(有志舎、二〇〇九年)『軍隊と性暴力』(共著、現代史料出版、二〇一〇年)などがある。

永井 和(ながい かず)
京都大学文学研究科教授。日本近現代史専攻。著作に『近代日本の軍部と政治』(思文閣出版、一九九三年)、『青年君主昭和天皇と元老西園寺公望』(京都大学学術出版会、二〇〇三年)、『日中戦争から世界戦争へ』(思文閣出版、二〇〇七年)、『倉富勇三郎日記』(共編、国書刊行会、第一巻二〇一〇年、第二巻二〇一二年)がある。

石橋菜穂子(いしばし なおこ)
大学院で「女性学」専攻。修士課程修了。

田場祥子(たば さちこ)
VAWW RAC運営委員。日本人「慰安婦」プロジェクト・チーム。

林 博史(はやし ひろふみ)
関東学院大学経済学部教授。専攻は現代史、軍隊・戦争論。著作に『差別と暴力としての米軍基地』(かもがわ出版、二〇一四年)、『米軍基地の歴史』(吉川弘文館、二〇一二年)、『BC級戦犯裁判』(岩波新書、二〇〇五年)、『沖縄戦と民衆』(大月書店、二〇〇一年)がある。

広田和子（ひろた　かずこ）

一九三九年、北九州市生まれ。著作に『証言記録　従軍慰安婦・看護婦』（新人物往来社、一九七五年、新人物文庫、二〇〇九年）、『癌治療革命の先端　横内医院』（展望社、二〇〇〇年、増補版二〇一〇年）がある。

天羽道子（あまは　みちこ）

一九二六年満州国大連生まれ。四三年新京敷島高女卒。四六年自由学園高等科卒。五一年聖ルカ女専入学、五四年卒。同年五月ベテスダ奉仕女母の家創立と同時に入館し、一奉仕女として現在に至る。埼玉県加須の愛泉乳児院一年余、ベデスダ経営のいずみ寮十一年余を経て、七八年よりかにた婦人の村。八九年より二四年間施設長。現在名誉村長として関わる。

西川　幸（にしかわ　みゆき）

ＮＨＫ問題を考える会（兵庫）事務局。

平井和子（ひらい　かずこ）

一橋大学社会学研究科特任講師。専攻は日本近現代女性史・ジェンダー史。日本人「慰安婦」プロジェクト・チーム。著作に『日本占領とジェンダー』（有志舎、二〇一四年）、『「ヒロシマ以後」の広島に生まれて』（ひろしま女性学研究所、二〇〇七年）、『占領と性』（共著、インパクト出版会、二〇〇七年）がある。

金　富子（きむ　ぷじゃ）

東京外国語大学大学院教授。専攻はジェンダー史・ジェンダー論、植民地期朝鮮教育史。ＶＡＷＷ　ＲＡＣ共同代表。単著に『植民地期朝鮮の教育とジェンダー』（世織書房、二〇〇五年）、『継続する植民地主義とジェンダー』（世織書房、二〇一一年）、共著に『軍隊と性暴力』（現代史料出版、二〇一〇年）、『遊廓社会２』（吉川弘文館、二〇一四年）、共編に『「慰安婦」バッシングを越えて』（大月書店、二〇一三年）などがある。

◆**資料・まとめ担当**

田場祥子（たば　さちこ）
ＶＡＷＷ　ＲＡＣ運営委員。日本人「慰安婦」プロジェクト・チーム。

吉池俊子（よしいけ　としこ）
法政大学兼任講師。日本人「慰安婦」プロジェクト・チーム。

山口明子（やまぐち　あきこ）
ＶＡＷＷ　ＲＡＣ運営委員。元団体職員。日本人「慰安婦」プロジェクト・チーム。

山田恵子（やまだ　けいこ）
ＶＡＷＷ　ＲＡＣ事務局長。日本人「慰安婦」プロジェクト・チーム。

「戦争と女性への暴力」リサーチ・アクション・センター
(Violence Against Women in War Research Action Center)

通称VAWW RAC（バウラック）。一九九八年六月に発足した「戦争と女性への暴力」日本ネットワーク（VAWW－NETジャパン）を発展改称し、二〇一一年九月に再出発した。非暴力・平和・脱植民地主義の立場で、女性の人権が尊重される社会の実現をめざし、日本軍「慰安婦」問題の解決のために真相究明（調査・研究）を軸にした活動を行っている。編書に『「慰安婦」バッシングを超えて』（大月書店、二〇一三年）がある。

日本人《にほんじん》「慰安婦《いあんふ》」
——愛国心と人身売買と——

二〇一五年三月一日 第一版第一刷発行

編　者　「戦争と女性への暴力」リサーチ・アクション・センター
責任編集　西野瑠美子・小野沢あかね
発行者　菊地泰博
発行所　株式会社現代書館
東京都千代田区飯田橋三－二－五
郵便番号　102-0072
電　話　03（3221）1321
F A X　03（3262）5906
振　替　00120-3-83725
組　版　(有)クリエイティブパック
印刷所　平河工業社（本文）
東光印刷所（カバー）
製本所　矢嶋製本
装　丁　伊藤滋章

校正協力／迎田睦子

 ISBN978-4-7684-5751-1